DEUTSCHE GESCHÄFTSKORRESPONDENZ

An Introduction to the German Business
World for Native Speakers of English
Who Study German Business Procedures
and Their Legal Implications

Helmut R. Roessler
American Graduate School of
International Management

UNIVERSITY
PRESS OF
AMERICA

LANHAM • NEW YORK • LONDON

British Cataloging in Publication Information Available

Library of Congress Cataloging-in-Publication Data

Roessler, Helmut R.
Deutsche Geschäftskorrespondenz.

English and German.
Bibliography: p.
1. Commercial correspondence, German—Handbooks,
manuals, etc.   2. German language—Business German—
Handbooks, manuals, etc.   3. Business law—Germany
(West)—Handbooks, manuals, etc.   4. Commercial
correspondence—Dictionaries—German.   5. German
language—Dictionaries—English.   I. Title.
HF5728.G3R64   1987   658.4'53   87-6086
ISBN 0-8191-6277-9 (alk. paper)

All University Press of America books are produced on acid-free
paper which exceeds the minimum standards set by the National
Historical Publication and Records Commission.

INHALTSVERZEICHNIS

vi

INTRODUCTION

The influx of over 1200 German corporations into the United States of America and the presence of over 750 US multinational corporations in the Federal Republic of Germany indicates the need for specific knowledge of business procedures both in Germany and in the US.

It is therefore a logical assumption that management personnel on both sides of the Atlantic need the knowledge of operating procedures under which their counterparts function, in order to make meaningful determinations in their respective businesses.

Noone would be surprised at all if fundamental differences arose, due to co-determination laws on one side, and laws about product liability, or equal opportunity employment on the other, just to name a few. Whatever could hamper a decision making process in the US can easily be learned by a student in this country.

But, whatever restricts a German manager under similiar conditions, requires very special knowledge by his counterpart in the US.

In order to convey to the American students the various factors governing the German decision making process requires knowledge of both sides.

To dramatize this fact even more, a survey by the AGSIM German Department in co-operation with the German-American Chamber of Commerce in San Francisco, indicated that some German corporations in the US are willing to pay up to 20 % more for people who have procedural knowledge in German business. We take this to mean, that language as a skill only pays off, if the language is accompanied by other knowledge. And this is the purpose of this textbook.

The book is meant to serve several purposes in the process of teaching German Business Correspondence and Business Procedures: to be a teaching tool, and to be a reference book.

It is suggested that the student who attempts to learn German Business Correpondence should have completed basic grammar of the German language.

The text is presented, as if the students were to be in

Germany very soon, and had little help to run their own business.

It would help, if the teacher would not have to explain the business procedure in English. Most classroom conditions require however, that' an explanation be given. To make that process simpler, a short English summary of chapter content preceeds each chapter of this text.

For the instructor who wishes to teach German business correspondence systematically, it is important to follow the outline of the text closely. The text will introduce the reader to the most important legal aspects of German business which may require the use of the Bürgerliche Gesetzbuch (BGB), and/or the Handels- gesetzbuch (HGB).

This in turn may require additional information from other sources, depending upon the instructor's own background, and the degree of profoundity he would like to achieve.

If, on the other hand, the instructor does not wish to follow the prescribed sequence of the text, he/she will find each chapter to be a complete unit. Therefore, material can be easily excluded or added in most areas. It should be pointed out however, that a German industrial businessman is very familiar with the general details of a text such as this.

At the end of each topic and/or wherever else it is necessary, the corresponding vocabulary is included in the text. The vocabulary can also be found in alphabetical order in English or German, along with a subject index, at the end of the book.

The sample letters in the text should serve as a guide to how such letters might be phrased, and should look. The terminology is by no means binding, but serves as a suggestion, based on the most commonly used terminology. The reason for the exercises in English is that first there is a need for translation, but also to differentiate in the English and German mannor of saying things. And secondly, that one can expand or contract as needed, on the given sample texts.

There is also a selected documentation section; Originals, reduced to 8 1/2 x 11", a list of important addresses, and other helpful information.

I am aware of the different needs, and levels at which

German Business Correspondence is being taught. The subject matter, however, does not lend itself to too many variations of presentation.

It is, therefore, a necessity that the instructor be very familiar with the procedures him/herself, before a course should be attempted. This gives the instructor the advantage that he/she may add or subtract material as needed.

On the other hand, those in business already will appreciate the help they can get from a text like this.

Finally, I want to thank those who spent many hours looking over the material, especially my wife Gisela, and Dr. Wilm Pelters, Cal. State, Long Beach. Also, I wish to express my thanks to the administration of the DEUTSCHE BUNDESBAHN, the COMMERZBANK in Frankfurt, and the administration of DEGUSSA Frankfurt, and the PRESTEL VERLAG München for their support, and especially for their permission to reprint some of their documents.

Helmut R. Roessler

DIE BUNDESREPUBLIK DEUTSCHLAND

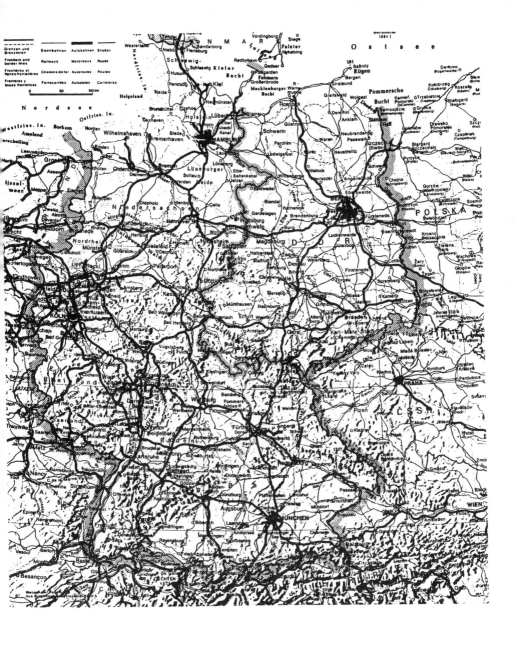

GERMAN BUSINESS CORRESPONDENCE LIKE MANY OTHER GERMAN
BUSINESS ACTIVITIES ARE OFTEN RULED BY STRINGEND
REGULATIONS. THIS OVERVIEW WILL INTRODUCE YOU TO THE
SYSTEM.

D E U T S C H E R   S C H R I F T V E R K E H R.

Der Brief

Der kaufmännische Schriftverkehr im deutschen Geschäfts-
leben ist strengen Formen unterworfen. Man sieht den
Geschäftsbrief nicht umsonst als das Aushängeschild einer
Firma an. - Ein Brief ersetzt oder bestätigt eine
mündliche Absprache. Oftmals wird er zu einem öffentlichen
Dokument, einer Urkunde!

Regeln beginnen schon beim Papier selbst. Die Papiergrößen*, die im deutschen Schriftverkehr benutzt werden,
unterliegen vorgeschriebenen Normen, sogenannten DIN*
Formaten (Deutschen Industrie-Normen, die vom Deutschen
Normenausschuß aufgestellt und in Normblättern veröffent-
licht werden.).

Der Vorteil dieser Normen* ist es, daß die Ablage der
Korrespondenz hierdurch erleichtert wird, und daß jede mit
Büroarbeit verbundene Maschine auf die gleichen Normen
zurückgehen kann. Wie wohl bekannt ist, findet man diese
Normen in der gesamten deutschen Herstellung, was viele
Vorteile bietet. - Die allgemein üblichen Papiergrößen für
den deutschen Geschäftsmann sind:

Normale Briefblätter	DIN A4	= 210 x 297 mm
Halbbriefblätter	DIN A5	= 148 x 210 mm
Post- oder Briefkarten	DIN A6	= 105 x 148 mm
Briefhüllen	DIN C6	= 114 x 162 mm
Lang-Briefhüllen	DL	

Diese DIN-Vorschriften* bestimmen nicht nur das Format
eines Briefblattes, sondern auch die äußere Aufteilung
eines Briefes. Normblätter 5008* (Die Regeln für Maschinenschreiben) und DIN 676 (Der Vordruck), geben darüber
Auskunft und liegen diesem Text zugrunde.

Die mit einem * im Text erscheinenden Wörter sind
Schlüsselwörter und erscheinen als solche im Sachregister.

1

NOTIZEN:

2

THE FOLLOWING CHAPTER WILL EXPLAIN THE NUMBERS NEXT TO THE
FORM LETTER DIN 5008. IT WILL SHOW HOW THE BUSINESS LETTER
IS TO BE WRITTEN.

Die Aufteilung des Geschäftsbriefes.

(1) DER RAND* UND DIE ZEILE*. Bei Geschäftsbriefen ist es
üblich, Vordrucke, d. h., Briefpapier mit bereits
vorgedruckten Schrift- und anderen Zeichen zu benutzen.
Dadurch wird zumindest bereits der LINKE RAND in vielen
Fällen vorbestimmt. Sollte dies nicht der Fall sein, so
beginnt der linke Rand bei einem DIN A4 Bogen (normales
Schreibmaschinenblatt) bei Pica 10 und bei Elite 11 oder 12
Leertasten vom Rand des Blattes.

Der RECHTE RAND, also das Ende einer Zeile, sollte etwa 1 cm
vom rechten Rand sein. EINRUECKUNGEN sollten bei Pica auf
20 beginnen und 22 oder 23 bei Elite.

Der allgemeine ZEILENABSTAND, wenn nicht anders erlangt,
ist EINZEILIG. Zwischen den einzelnen Abschnitten wird
eine Leerzeile gelassen. Ein neuer Abschnitt wird im
deutschen Schriftverkehr nicht eingerückt. Es soll mit
Abschnitten nicht gespart werden! Art, Umfang, Blattgröße,
Inhalt bestimmen das Aussehen eines Briefes und damit auch
welchen esthetischen Eindruck man hinterlassen möchte.

(2) DER BRIEFKOPF*. Er ist in den meisten Fällen
vorgedruckt. Er enthält den Namen, die Adresse oder
Bedeutung der Firma. Hinzugefügt werden können an dieser
Stelle auch die unter (13) aufgeführten Angaben, wie: Telex
Nummer, Drahtwort,Fernsprecher, Bankverbindungen, Ge-
schäftszeiten. Viele Briefköpfe enthalten auch Waren- oder
Firmenzeichen, deren Bedeutung in Büchern wie, WER LIEFERT
WAS nachgesehen werden können.

(3) DIE ANSCHRIFT* DES EMPFAENGERS. Für diesen Raum stehen
9 Einzelzeilen zur Verfügung. Man beginnt die erste Zeile
mit den sogenannten BEFÖRDERUNGSVERMERKEN:

Mit Luftpost; Einschreiben; Per Eilbote, etc.

Danach folgt eine Leerzeile. Dann kommt die Anschrift,
wobei die ANREDE: Herrn, Herrn Director, Firma, etc., auf
eine Zeile geschrieben wird und die folgende Zeile den
Namen der Person oder Firma enthält. Dem folgen, wie im
Englischen, die Straße und Hausnummer.

Briefkopf (2)

Das Anschriftsfeld (3)   Bearbeitungsvermerke (4)

Ihre Zeichen   Ihre Nachricht unsere Zeichen   Datum
               (5)   (6)

Rand
 (1)

Betreff:
....................(7)

Sehr geehrter Herr ....(8)

....
....
....(9)

....
....
..... .

....
....

Hochachtungsvoll (10)

...................(11)

Anlage (12)

Drahtwort Fernsprecher Fernschreiber   Geschäftszeit
               (13)
_____
               210 mm

4

In der nächsten Zeile stehen die Postleitzahl, Stadt, Landkreis, etc.. (Für das Ausland auf der nächsten Zeile das Land: USA, Italien, Spanien, etc.) Die "Stadtzeile" und die "Landzeile", sowie auch die Beförderungsvermerke, also, "per Luftpost" etc., werden einfach unterstrichen:

<u>Einschreiben</u>

Herrn Rechtsanwalt
Dr. Reinhardt Flottmeyer
Soucheystr. 24

8000 München 22

oder:

<u>Drucksache</u>

Krayser & Schulze OHG.
Lerchesbergring 58

6000 Frankfurt am Main 70

(4) RAUM FUER BEARBEITUNGSVERMERKE*. Dieser Raum dient dem Empfänger als Raum für den Eingangsstempel, etc.. Auch werden hier gerne Anweisungen für den Sachbearbeiter oder von dem Bearbeiter hingeschrieben.

UNTERSTRICHEN wird auch, was durch Mangel an Platz nicht separiert werden kann.

Im allgemeinen werden Amtsbezeichnungen wie Forstmeister oder Landrat neben HERRN oder FRÄULEIN geschrieben. Wenn sie sehr lang sind, können sie auch unter den Namen geschrieben werden. Akademische Grade wie: Dr., Dr. Dipl. Ing., etc., sind im allgemeinen ein Teil des Namens und werden daher vor den Namen gesetzt. Wenn aus der Anschrift ersichtlich ist, daß es sich um eine Firma handelt, so wird das Wort F i r m a weggelassen.

AUSLANDSANSCHRIFTEN werden wie Inlandsanschriften ge-schrieben.

(5) DIE BEZUGSZEICHEN*. Diese auf dem Briefbogen vorgedruckten Zeichen erleichtern die administrative Bearbeitung. Sie geben den Sachbearbeiter, Sekretärin und wichtige Daten an, die das schnelle Auffinden und Ablegen ermöglichen. Die Buchstaben (Ihr Zeichen:FG/kl) sind die

5

Anfangsbuchstaben des Diktierenden und der Sekretärin. Die Rubriken, die nicht benutzt wurden, werden entweder freigelassen oder sie bekommen einen Gedankenstrich.

(6) DAS DATUM*. Das Datum besteht aus dem Ort, der Tagesangabe und dem Jahr (Hamburg, den 9.Mai, 1990). Alle weiteren Angaben sind nicht unbedingt erforderlich, da sie nicht die Anschrift ersetzen. Das Datum ist jedoch ein urkundlicher Beleg und muß daher angegeben werden.

DIE BEZUGSZEICHEN und das DATUM werden eine Zeile unter den vorgedruckten Wörtern geschrieben. Man beginnt das erste Wort jeweils unter dem ersten vorgedruckten Buchstaben.

(7) DER BETREFF*. Der Betreff kann, muß jedoch nicht, ausgefüllt werden. Hier wird eine stichwortartige Inhaltsangabe des Briefes gemacht. Wenn, dann enthält er ein oder mehrere kurze Stichworte, die den Sinn des Briefes erkennen lassen. Am Ende des Betreffs steht k e i n e Interpunktion. Betreffsvermerke werden ausgelassen, wenn der Blick bereits durch unterstrichenen oder eingerückten Blickfang im Text angezogen wird. Der Betreffinhalt wird eine Zeile unter dem Vordruck begonnen.

Neben dem Betreffvermerk findet man oftmals auch einen BEHANDLUNGSVERMERK : "Wichtig, dringend, persönlich, etc.". Dieser wird auf auffallende Weise zum Hervorstehen gebracht. Das kann man durch Unterstreichen, sperren, Leertasten oder durch freies Stehen verursachen.

Zwischen Betreff- und Behandlungsvermerk stehen d r e i Leertasten.

(8) DIE ANREDE*. Es ist nicht vorgeschrieben, ob die Anrede, - wenn man sie überhaupt benutzt - mit einem Komma oder einem Ausrufezeichen beendet. Also: Sehr geehrter Herr ....., ist genausogut, wie: Sehr geehrter Herr ....! Die Schlußformulierung unterliegt der gleichen Vorschrift.

(9) DER TEXT*. Während der Behördenbrief ein einheitliches Schriftbild verlangt, kommt es bei dem Geschäftsbrief auf die ÜBERSICHTLICHKEIT an. Das leichte Verstehen, die leichte Leserlichkeit spielen hier eine große Rolle. Großzügigkeit, gute Übersicht = Raumaufteilung, logische Gliederung des Textes durch genügend Absätze, sowie unmißverständliches Deutsch, sind ausschlaggebend.

Es ist dem Verfasser überlassen, zu welcher Papiergröße,
(Halb-oder Ganzformat) er sich entscheidet: ästhetischer
Eindruck ist in der Geschäftswelt sehr ausschlaggebend!
Will man etwas hervorheben, so kann dies durch:

1. unterstreichen
2. sperren
3. einrücken

oder einmitten oder auch durch Ausrufezeichen getan
werden.

Absätze im Text und der Gruß am Ende oder Anfang werden
durch <u>eine</u> Leerzeile vom Text getrennt.

(10) DER GRUß*. Der Beginn der Grußreihe ist eine Frage der
Länge. Er kann am linken Rand oder in der Mitte des Blattes
beginnen. Hochachtungsvoll, etc., hat k e i n e
Punktierung.

(11) DIE UNTERSCHRIFT*. Die Unterschrift steht genau unter
dem Gruß. Die Bezeichnung der Firma und die maschinen-
schriftlichen Bezeichnungen des/der Unterzeichnenden kann
innerbetrieblich abgesprochen werden. Es muß also nicht
der Vor- und Zuname des Unterzeichners dastehen, es kann
nur der Nachname geschrieben stehen. Unterschrifts-
berechtigte Personen dürfen nur mit Firmenbezeichnung
unterschreiben. Alle anderen, wie Bevollmächtigte, Proku-
risten, etc., führen den Zusatz: i.A.(im Auftrag) oder
i.V. (in Vertretung) etc..

(12) DIE ANLAGE*. Der Anlagevermerk beginnt entweder
direkt ganz links oder, wenn kein Platz vorhanden ist, bei
Skala Grad 50. Hier wird die Zahl der Anlagen einzeln oder
zusammen angegeben. Es empfiehlt sich, die Überschriften
zu unterstreichen.

(13) DER UNTERE RAND*. Am unteren Rand des Briefbogens
können (wenn nicht schon im Briefkopf bereits enthalten)
Angaben über Telegrammanschrift, Fernsprecher, Fernschreiber, Geschäftszeiten, Bankkonten oder über die
Direktion oder den Aufsichtsrat gemacht werden. Wie der
Briefkopf,so sind diese obigen Angaben meistens vorgedruckt.

Bei Benutzung von Halbbriefseiten und Postkarten kommt es
darauf an, übersichtlich und verständlich zu sein. <u>Fuer</u>
<u>schlechte</u> Nachrichten <u>benutze</u> <u>man</u> <u>nur</u> <u>geschlossene</u> <u>Briefe!</u>

7

DIE BRIEFHÜLLE

Die einfachste Art der Briefhülle* (Umschlag) ist die Fensterhülle. Sie erspart nochmaliges Schreiben der Adresse und erspart damit Fehler und Verwechslungen. Die normale Briefhülle ist ebenfalls genau unterteilt.

Das rechte obere Viertel der Hülle bleibt frei für die Frankierung. Ferner stehen hier die Beförderungsvermerke* wie: Einschreiben, Eilbrief oder Wertbrief, etc..

Im unteren Viertel der rechten Seite steht die Bezeichnung des Empfängers, Bestimmungsort, Straße, Hausnummer, Postfach, Postleitzahl. Die gleiche Einteilung gilt auch für die Postkarte.

ZEILENABSTÄNDE*:

	Langzeile
Beförderungsvermerke und Anschrift	1
Betreff und Anrede	1-3
Anrede und Text	2
Absätze	1
Einrückungen und Text	1
Text und Grußformel	1
Wiederholung der Firma und Unterschrift in Maschinenschrift	3

DAS TELEGRAMM

Viele Firmen benutzen im Telegramm* ein Drahtwort, das als Unterschrift und Adresse gelten kann. Telegramme sollen kurz abgefaßt werden, unmißverständlich sein, und mit einem Brief bestätigt werden. Es gibt auch verschiedene Arten von Telegrammen. normale, dringende, Blitz- und Brieftelegramme. Sie unterscheiden sich in der Geschwindigkeit der Belieferung voneinander. Bei aller Kürze jedoch muß darauf geachtet werden, daß der Inhalt* des Telegrammes eindeutig und verständlich ist.

8

V O K A B E L N

f = feminin,   m = masculine,   n = neuter nouns.

Ablage,f	- file
Absatz,m	- paragraph
Abschnitt,m	- paragraph
Angabe,f	- notation
Anlage,f	- enclosure
Anschrift,f	- address
Aufteilung,f	- division
Auskunft geben	- inform,to
Bearbeitungsvermerk,m	- processing entry
Beförderungsvermerk,m	- transport mode entry
Behandlungsvermerk,m	- notation entry
Behördenbrief,m	- governmental letter
Beleg,m	- receipt; voucher
Betreff,m	- reference
Bezugszeichen,n	- reference mark
Briefblatt,n	- stationary
Briefhülle,f	- envelope
Briefkopf,m	- letterhead
Datum,n	- date
Drahtwort,n	- telegram address
Eilbote,m	- special delivery
eindeutig	- clear
Eingangsstempel,m	- receipt stamp
einschreiben	- register,to
Entscheidung,f	- decision
erforderlich	- necessary
Fensterhülle,f	- see-through envelope
Firmenbezeichnung,f	- trade name
Form,f	- form
Format,n	- format
Geschäftsbrief,m	- business letter
Geschmack,m	- taste
Kostenersparnis,f	- cost saving
Leertaste,f	- space
Leerzeile,f	- empty line
Luftpost,f	- airmail

9

Papiergröße,f	- paper size
Postleitzahl,f	- zip code
Rand,m	- margin
Rubrik,f	- rubric; column
Sachbearbeiter,m	- expert; specialist
Schlußzeichen,n	- punctuation
Schriftverkehr,m	- correspondence
Stichwort,n	- key word; clue
übersichtlich	- clearly
üblich	- customary
unmißverständlich	- clearly; unequivocal
unleserlich	- illegible
unterliegen	- subject,to
Unterschrift,f	- signature
unterschriftsberechtigt	- authorized to sign
unterstreichen	- underline,to
urkundlich	- documentary
Verweis,m	- reference
Visitenkarte,f	- calling card; business
	- card
Vorschrift,f	- regulation; rule
Zeichen,n	- symbol
Zeile,f	- line
Zusatz,m	- addition

Ü B U N G E N:

1. Design a letterhead for your imaginary company with all the
information spelled-out in this chapter. Xerox it, and use the
company lettterhead for all your letter writings, from now on!

Send the following telegram:

2. Firma Richard Wagner, Hamburg, Elbestraße 78. I will be
arriving in Hamburg 8:45 a.m. tomorrow morning. Please let
me know if you will not be available at that time. Harald
Meyer.

10

3. Firma Dieter Krause, Offenbach am Main, Frankfurter Straße 28. You are unable to come tomorrow to Offenbach. Reason: Hospitalized. Will be there within 8 days.

4. Firma Anton Fischbach, Mainz, Hererstr.9987. You sent 2,ooo pairs of black leather boots today by express mail. Apologize for the delay. Will be sending the rest of the order by normal mail.

NOTIZEN:

LEGAL ASPECTS OF LETTERS AND A QUICK OVERVIEW OF THE GERMAN
LAW AS IT RELATES TO BUSINESS LETTER WRITING ARE THE CONTENT
OF THIS NEXT CHAPTER.

Rechtliche Aspekte des Briefes.

Im deutschen Recht unterscheiden wir zwischen dem
öffentlichen Recht und dem Privatrecht. Das öffentliche
Recht besteht aus dem Staats- und Verfassungsrecht. Wir
interessieren uns aber in dem Zusammenhang mit dem
vorliegenden Buch nur für das Bürgerliche Recht und das
Handelsrecht. Zum letzteren gehören auch das Wechsel- und
Scheckrecht, das Aktienrecht und das Gesellschaftsrecht.
Zu beiden, dem öffentlichen und dem privaten Recht gehören
dann auch noch das Arbeitsrecht und das Wettbewerbsrecht.
Für den Laien ist diese Kenntnis sehr wichtig, denn viele
Informationen kann er selbst in den Gesetzbüchern
nachlesen, ohne sofort für jede Kleinigkeit einen
Rechtsanwalt aufsuchen zu müssen.

Das Bürgerliche Gesetzbuch* (BGB) gilt für die Bereiche:
Schuldrecht, Sachrecht, Familienrecht und Erbrecht. Das
BGB regelt die Ereignisse des täglichen Lebens, die
rechtlichen Verhältnisse des Privatlebens. Dies schließt
natürlich die allgemeinen Wirtschaftsverhältnisse mit
ein.

Man unterscheidet nach deutschem Recht zwischen natür-
lichen und juristischen Personen. Juristische Personen
werden in die des öffentlichen Rechts und die des
Privatrechts unterteilt.

Der Geschäftsbrief ist nicht nur das Aushängeschild der
Firma oder eine Bestätigung oder ein Ersatz für das
gesprochene Wort, er kann gleichzeitig auch eine Urkunde*
werden. Gerade weil Absender und Empfänger nicht immer das
gleiche Interesse haben, ist eine schriftliche Aufzeichnung von großer Wichtigkeit für beide. Eine solche
Aufzeichnung ist im allgemeinen entweder:

1. eine Bestätigung* eines angenommenen, empfan-
genen oder erteilten Auftrages.

2. eine Bestätigung einer erfüllten Leistung

3. eine Bestätigung einer geleisteten Zahlung.

13

Zu 1.: Dieser Vorgang ist für den Auftraggeber als auch für den Lieferer von Interesse, sodaß beide Teile eine Kopie des Vertrages besitzen, worauf sie im gegebenen Falle zurückgreifen können und müssen. Unter gewissen Umständen schreibt das Gesetz (HGB) eine schriftliche Aufzeichnung als unbedingt notwendig vor.

Zu 2.: Hier liegt das Interesse beim Lieferer der Ware oder der Dienstleistung. Der Lieferer erwartet eine Bestätigung des Eingangs der Ware.

Zu 3.: Hier liegt das Interesse beim Kunden. Die Kopie über den Eingang einer Zahlung geht in seine Ablage.

Bei manchen Geschäftsvorgängen ist es nicht sehr gut möglich, eine Bestätigung über den Eingang eines Schreibens zu erhalten. In diesem Falle sichert man sich durch die Post mit einem Einlieferungsschein ab, der Datum und Unterschrift enthält.

Auch gibt es Geschäftsvorgänge, wie Schuldversprechungen*, Pachtverträge*, etc., bei denen ein normaler Briefaustausch nicht reicht. In Fällen dieser Art werden vom Gesetz besondere Vertragsurkunden vorgeschrieben.

Da ohne es zu wollen, jeder Brief zu einer ungewollten Urkunde werden kann, so ist es notwendig, daß der Kaufmann sich beim Schreiben von Briefen so vorsichtig wie möglich ausdrückt. Es ist daher notwendig, sich so knapp wie möglich auszudrücken, sich von der Richtigkeit der gemachten Angaben zu vergewissern und wenn nötig, einschränkende Zusätze zu machen.

<u>Vorsicht</u> und <u>Genauigkeit</u> beim <u>Schreiben</u> von <u>Briefen</u> macht <u>sich immer</u> <u>bezahlt!</u>

Es ist jedoch immer richtig, in Zweifelsfällen einen guten Rechtsanwalt zur Verfügung zu haben. Jede große deutsche Firma hat sowieso eine Rechtsabteilung, die Management jederzeit zur Verfügung steht. Ausländer sollten sich nicht nur für die deutschen rechtlichen Verhältnisse interessieren, sondern auch für die des Gemeinsamen Marktes und auf eventuelle Auswirkungen auf das Heimatland achten. Auch haben ausgebildete deutsche Sekretärinnen ein Grundwissen von dem deutschen Bürgerlichen Gesetz und damit auch von dem Handelsrecht.

Das Handelsgesetzbuch.

Neben dem Bürgerlichen Gesetzbuch (BGB) gibt es in Deutschland das sogenannte Handelsgesetzbuch* (HGB) vom 10. Mai, 1897. Das Handelsgesetzbuch enthält ein Sonderrecht, das den Handelsverkehr bestimmter Unternehmen zu regeln versucht. Das ist völlig ungewöhnlich für englische und amerikanische Rechtsverhältnisse, denn hier basiert das Recht nur auf einer Art Handelsgewohnheitsrecht. Nur für ganz bestimmte Gebiete gibt es spezielle Gesetze.

Der Name HANDELSGESETZBUCH ist ein wenig irreführend, denn es beschäftigt sich nicht nur mit dem Handel, (also dem Groß- und Einzelhandel) sondern es schließt den gesamten Güterverkehr der gesamten Industrie ein - exklusive der Land - und Forstwirtschaft*.

Im Mittelpunkt des Handelsgesetzbuches steht die Person des Kaufmannes, nicht ein bestimmtes Unternehmen oder ein bestimmter Vorgang. Damit erklärt sich auch Paragraph 1 des Handelsgesetzbuches:

"Kaufmann im Sinne dieses Gesetzbuches ist, wer ein Handelsgewerbe betreibt."

Die Vorschriften des HGBs gehen denen des BGBs insofern vor, als daß diese sich um die Rechtsbeziehungen der Kaufleute bemühen. Sollte das Handelsgesetzbuch in einem Fall jedoch nicht ausreichen, so gilt das Recht des Bürgerlichen Gesetzbuches.

Man sollte jedoch wissen, daß sich jeder gelernte deutsche Industriekaufmann, sowohl als auch sein studierter Kollege sehr gut in diesem Buch auskennen. Es ist leicht, sich im HGB zurechtzufinden, und daher ist es ratsam, sich als Ausländer eine Kopie für wenig Geld zu kaufen. Sie ist in fast jeder Buchhandlung in Deutschland erhältlich.

Näher auf den Inhalt des Handelsgesetzbuches an dieser Stelle einzugehen, entspricht dem Zwecke dieses Buches nicht. Es wäre für einen Studenten der deutschen Betriebswirtschaft sehr ratsam, sich mit einem Handelsgesetzbuch ein wenig vertraut zu machen, denn es fällt vollkommen aus dem ihm vertrauten Rahmen des amerikanischen Geschäftsgebaren heraus.

An dieser Stelle wäre es vielleicht auch angebracht, zu

15

erwähnen, daß man als Ausländer sich in Zweifelsfällen
immer auf Wirtschaftsabteilungen der Konsulate und
Botschaften verlassen kann. Ein weiterer guter Kontakt
sind die ausländischen Handelskammern, die selbst gute
rechtliche Auskünfte geben können.

V O K A B E L N

absichern	- ensure,to
Auftrag,m	- order
Auftraggeber,m	- buyer; customer
Aufzeichnung,f	- record
Bestätigung,f	- confirmation
Briefaustausch,m	- exchange of letters
Bürgerliches Gesetzbuch,n	- civil code
Einzelhandel,m	- retail business
Forstwirtschaft,f	- forestry
Gebiet,n	- area
Geschäftsvorgang,m	- business transaction
Gesetz,n	- law
Großhandel,m	- wholesale
Güterverkehr,m	- goods traffic
Handel,m	- trade
Handelsgesetzbuch,n	- commercial code
Handelsgewerbe,n	- commercial trade
Handelsgewohnheitsrecht,n	- custom of merchants
Handelsverkehr,m	- mercentile operations
Kunde,m	- customer
Landwirtschaft,f	- agriculture
leisten	- carry out,to
Leistung,f	- service; production
Lieferer,m	- supplierl; contractor
Pachtvertrag,m	- lease
Recht,n	- law, claim, justice
Rechtsverhältnis,n	- legal relationship
Schuldversprechen,n	- promise (to pay
	- a debt)

16

Sonderrecht,n	- special code (BGB
unbedingt	- absolutely
Unternehmen,n	- enterprise, firm
Unternehmer,m	- enterpreneur
Vertrag,m	- contract
Vertragsurkunde,f	- document; deed
Vorgang,m	- transaction
Ware,f	- goods
Zahlung,f	- payment
zurückgreifen	- refer back,to

17

Notizen:

Der normale Geschäftsablauf.

Der Kaufmann ist in Deutschland laufend mit dem Einkauf von Waren beschäftigt. Dazu holt er Angebote ein. Ein guter Einkauf ist bereits der halbe Gewinn! Adressbücher*, Branchenverzeichnisse*, Fachzeitschriften*, Messen*, Ausstellungen*, Bezugsquellenkarteien*, etc., dienen als Hinweise für neue und alte Geschäftsverbindungen. Ein kompletter Geschäftsablauf* besteht, um es ausführlich zu erklären aus:

Anfrage
Angebot
Bestellung
Lieferung
Bezahlung.

Das bedeutet: eine Geschäftsverbindung beginnt normalerweise mit einer Anfrage. Der Verkäufer antwortet mit einem Angebot. Bestellung und Lieferung der Ware folgen, wenn keine Komplikationen eintreten. Zuletzt wird die Ware bezahlt, und der Geschäftsvorgang ist abgeschlossen.

V O K A B E L N

Adressbuch,n	- Address Book
Angebot,n	- offer
Ausstellung,f	- exhibition
Bestellung,f	- order
Branchenverzeichnis,n	- trade directory
Bezugsquellenkartei,f	- directory (suppliers)
Einkauf,m	- procurement
Fachzeitschrift,f	- trade magazine
Geschäftsablauf,m	- course of business
Geschäftsverbindung,f	- business connection
Gewinn,m	- profit
Hinweis,m	- hint
Lieferung,f	- delivery, supply
Messe,f	- exhibition, fair

Notizen:

·THIS CHAPTER DEALS WITH THE DETAILS OF AN INQUIRY IN GERMAN BUSINESS CORRESPONDENCE. IT WILL NOT ONLY TEACH HOW TO INQUIRE BUT IT WILL GIVE SOME SAMPLES OF THE MOST CONVENTIONAL TERMINOLOGY.

Die Anfrage.

Eine Anfrage* ist entweder sehr spezifisch oder sehr allgemein. Bei einer ALLGEMEINEN ANFRAGE bittet man um Muster oder Preislisten, auch manchmal, wenn angebracht, um einen Vertreterbesuch.

Bei einer SPEZIFISCHEN ANFRAGE* soll man dem Lieferanten so viele genaue Angaben wie möglich zukommen lassen, um unnötigen Briefverkehr zu vermeiden. Erforderlich hierfür ist eine genaue Beschreibung der Ware, der Menge, der Liefer- und Zahlungsbedingungen, etc..

Der Einkauf* ist von vielen Faktoren abhängig und erfordert konstante Beobachtung und je nach Branche, klare Kenntnisse der Konkurrenz. Einige sich oft ändernde Variablen sind: Geschmacksveränderungen (und nicht nur in der Mode), Jahreszeiten, Forschungsfortschritte und nicht zu vergessen, der Geldmarkt, um nur einige Faktoren zu nennen. Der Einkäufer muß seine eigenen Kosten gut kennen, um nicht wahllos zu viel oder zu wenig zu bestellen. Auch soll man über die eigene Marktlage gut orientiert sein; dies schließt alte Lieferanten ein, die man anschreibt und sich über Angebotsänderungen erkundigt.

Wenn man eine solche Anfrage schreibt, sollte man sich gut überlegen, wie sie zu formulieren ist. Es gibt wohl keine ideale Anfrage, aber bestimmte Punkte sollten in einer Anfrage enthalten sein:

Was soll eine Anfrage enthalten?

a. Wer hat Sie empfohlen?
b. Warum schreibe ich an Sie?
c. Auskünfte über Lieferungs- und Zahlungsbedingungen
d. Welche Referenzen kann ich Ihnen geben?

Um einen solchen Brief unmißverständlich und nicht umständlich abzufassen, sollte man sich schnell an herkömmliche Terminologie gewöhnen. Auf keinen Fall ist dies die einzige Art wie man einen solchen Brief verfassen

21

kann, aber hier sind einige Vorschläge:

Zu a. Von einem Kollegen habe ich erfahren, daß Sie ......
herstellen. Auf der letzten Messe in ...., sah ich Ihre
Erzeugnisse. In der ....Zeitung sah ich Ihre Anzeige vom
10. 10. 19.., betreffs......, und bitte Sie...... . Durch
den Besuch Ihres Herrn ...., wurde ich auf Ihre
Erzeugnisse aufmerksam.

Zu b. Senden Sie mir bitte Ihre Preisliste und Muster. Ich
suche einen Lieferanten für .... Mein Geschäft
verlief besser, als erwartet. Ich muß daher mein Lager
schnell wieder auffüllen.

Zu c. Bitte machen Sie mir umgehend ein Angebot mit
Lieferungsbedingungen und Zahlungsbedingungen für ....
Pfund Kaffeebohnen.

Zu d. Die Firma .... ist gern bereit, Auskunft über mich zu
geben. Sie können sich über mich bei der ....Bank
erkundigen. Herr ..... ist in der Lage, Auskunft über mich
zu erteilen.

Geschäftsauskünfte sind in Deutschland nicht sehr gut ohne
Hilfe dessen, über den man sich erkundigt, zu erhalten.
Daher sind auch die Namen des Aufsichtsrates, vieler Banken
oder auch des Vorstandes auf Geschäftsbriefen vorgedruckt.
Auskunfteien sind oft sehr hilfreich. Siehe Kapitel über
Auskünfte.

V O K A B E L N

Angaben	- data, particulars
Angebotsänderung, f	- change of offer; bid;
anschreiben	- contact, to
Auskunft, f	- information
bestellen	- order, to
empfehlen	- recommend, to
Forschungsfortschritt, m	- research progress
Geldmarkt, m	- money market
Geschmacksveränderung, f	- change of taste
Jahreszeit, f	- season

Lieferungsbedingung, f	- terms of delivery,
Marktlage, f	- market conditons
Menge, f	- quantity
Muster, n	- sample
Preisliste, f	- price list
Referenz, f	- reference
Umsatz, f	- turnover
vermeiden	- avoid, to
Vertreterbesuch, m	- sales call
Zahlungsbedingung, f	- terms of payment

Ü B U N G E N

Write an inquiry:

1. Write to Walter Richter, Freudenberger Straße 8, Nuernberg. Inquire about washing maschines from his company. Size required, 66 cm x 44 cm. Terms of delivery required for 1 000 washing maschines. You expect delivery within 3 months of an order.

2. Write to Hans Caracas, Hauptstraße 112, Bad Lauterberg/Harz. The company manufactures multi-colored plastic drinking glasses. You want to open-up a company cafeteria, and you need 2 000 glasses of various sizes. Ask for information.

3. Write to Richard Matt KG., Frankfurter Straße 11, Ulm. You wish to begin business dealings. Received his name from an Exhibition in Hannover. You want more information about price, terms of delivery and terms of payment for his product line.

Firma
Hoffman & Ullrichsen GmbH.
Dornröschenweg 22

6350 Bad Nauheim

HH/cb   15.6.19..   HvW/pt   Hbg.,den 23.6.19..

Betr.: <u>Anfrage</u>

Sehr geehrter Herr Meinardt,

von einem Kollegen habe ich erfahren, daß Ihre Firma
Zementplatten für Zäune (3,57m x 1,75m) herstellt. Wir
wären an etwa 25.000 bis 30.000 solcher Platten
interessiert.

Bitte teilen Sie uns mit, für welchen Preis, Mengenrabatt
und für welche Lieferungs- und Zahlungsbedingen Sie uns
ein Angebot machen können.

Wir sehen einer baldigen Antwort entgegen und hoffen, Ihnen
einen Auftrag geben zu können.

Mit freundlichem Gruß

Hans von der Weile, Prokurist
Hausmanagement KG.

THIS CHAPTER DEALS WITH THE COMPOSITION OF AN OFFER. IT
DEALS WITH THE CARE WITH WHICH IT SHOULD BE THOUGHT OUT, AND
SOME POSSIBLE LEGAL RAMIFICATIONS.

Das Angebot.

Ein Angebot* muß gründlich begutachtet werden, sei es
verlangt oder unverlangt; sei es erhalten oder selbst
gemacht. Neben Briefen gelten auch unbestellte Warenein-
gänge*, - wie Muster - als Angebot. Die Muster müssen nicht
zurückgesandt, sondern nach deutschem Recht, nur
bereitgehalten werden, wenn sie nicht erwünscht sind.
(Maximum Bereithaltezeit: 6 Monate.)

Wie die Anfrage, so muß auch das Anbgebot übersichtlich
formuliert und durchdacht sein. Es darf nicht zweideutig
sein. Das lädt zu Problemen ein!

Was soll ein Angebot enthalten?

a. Eine genaue Beschreibung der Ware oder
Dienstleistung.
(Größe, Art der Ware,Quantität, Qualität, Farbe.)
b. Zahlungsbedingungen
c. Lieferungsbedingungen.

Gebräuchliche Redewendungen:

Zu a. Wir senden Ihnen die angeforderten Muster und bieten
Ihnen folgendes an: Heute kann ich Ihnen ein besonders
günstiges Angebot machen:....... . Vielen Dank für Ihre
Anfrage. Wir bieten Ihnen an:......Das einfachste Angebot
jedoch, ist die Zusendung einer vorgedruckten Preisliste,
eventuell begleitet von Mustern.

Zu b. Aus dem Preis muß ersichtlich sein, auf welche
Gewichtseinheit er sich bezieht, ob Mengenrabatt gewährt
wird und von wem die Verpackungs-und Versandkosten
getragen werden.

Gebräuchliche Redewendungen:

Wir bieten Ihnen an ....
Wir liefern .... ab Werk ....frei dort.
Bei Mengen über 1 500 kg liefern wir frei Haus.
Unsere Preisliste wird Sie von der Vielfalt unseres Lagers
überzeugen.
Dieses Angebot ist unverbindlich.
Dieses Angebot gilt bis zum ....
Wir unterbreiten Ihnen folgendes Angebot:

Zu c. Zu den Lieferungsbedingungen* gehört die Lieferzeit*, besonders wenn nicht sofort geliefert wird. Wer
übernimmt die Fracht- und anderen Kosten*?

Gebräuchliche Terminologie:

ab Lager -	Käufer trägt alle Kosten
ab Werk -	Käufer trägt alle Kosten
ab Hamburg -	Käufer trägt Kosten ab
ab Verladestation -	Bahnhof des Lieferers
frei Frankfurt -	Lieferer übernimmt Kosten zum
frei dort -	Bahnhof des Empfängers.
frei Lager dort -	Lieferer übernimmt alle Kosten
frei Haus -	Lieferer übernimmt alle Kosten

Hinzukommen international gebräuchliche Abkürzungen, wie:

fob = frei an Bord, cif = Versicherung, Fracht, etc.,

die allgemein gebräuchlich sind.

Auch muß aus dem Angebot erkenntlich sein, wann die Ware zu
bezahlen ist. Hierbei sind folgende Phrasen üblich:

zahlbar sofort ohne Abzug -	Rechnung ist sofort nach Empfang der Ware ohne Abzug zu zahlen
rein netto -	Ware ohne Abzug zu zahlen.
gegen Kasse -	Ware ohne Abzug zu zahlen.
14 Tage Ziel -	Rechnung ist innerhalb 14 Tagen zu zahlen.

26

Sollte der Käufer vor der vorgeschriebenen Zeit zahlen, so kann er oftmals ein Skonto von 2 % abziehen. Z. B.: Ziel 3 Wochen oder bei Zahlung innerhalb 7 Tagen 2 % Skonto.

Telefonische Angebote, wie auch Anfragen oder Erklärungen wichtiger Art, müssen schriftlich bestätigt werden!

In Streitfällen gilt als Gerichtsort* der Wohnort des Verpflichteten (Käufers) wenn dies nicht anders vorher vereinbart wurde. Handelt es sich um die Lieferung, so ist der Gerichtsort der Wohnort des Lieferers. Geht der Streit um Annahme oder Bezahlung, so ist es der Wohnort des Kunden oder Belieferten. Diese Streitfragen werden im allgemeinen nach den Bestimmungen des Handelsgesetzbuches (HGB) geschlichtet.

ES SOLL NOCHMALS DARAN ERINNERT WERDEN, DAß DER BRIEF DAS AUSHÄNGESCHILD DER FIRMA IST! DAHER MUß DARAUF GEACHTET WERDEN, DAß WEDER FLÜCHTIGKEITEN NOCH FEHLER UNTERLAUFEN!

Briefbögen, die an der Briefhülle kleben, zu wenig Porto auf den Umschlägen, ungenaues Falten der Briefbögen oder Fehler in der Anschrift, im Inhalt, etc., tragen selten zur Freude des Empfängers bei. Auch werfen solche Flüchtigkeiten kein sehr gutes Licht auf das Büro des Absenders.

V O K A B E L N

Annahme, f	- acceptance
Art, f	- kind
begutachten	- appraise, to; evaluate, to
bereithalten	- make available, to
Dienstleistung, f	- service
Frachtkosten, f	- cost of freight
Gerichtsort, m	- court location; venue
Größe, f	- seize
Lager, n	- warehouse
Mengenrabatt, m	- volume discount; rebate
Preis, m	- price

27

Skonto,n	- discount
übernehmen	- take over
unverlangt	- unrequested
Verladestation,f	- leading place; dock
verlangt	- requested
Verpackungskosten,f	- packing cost
Verpflichtete,m	- obligated
Versandkosten,f	- shipping cost
Vielfältigkeit,f	- diversity; variety
Werk,n	- manufacturer; firm; company
Wohnort,m	- residence

Ü B U N G E N:

Write an offer:

1. F. Weilsand + Sohn; 2260 Niebuell/Holstein, Am Steg 47. Regarding: Inquiry from March 15, 19... . We acknowledge the fact that we are the Sales representatives of Columbian coffee. We offer the finest of freshly roasted coffee for DM 650,-- per 100 pounds. Our delivery terms are within 14 days, no discount, and we ship within 3 days of the receipt of your order.

2. Walter Hildebrandt, Am Ring 2, 7000 Stuttgart 1. We will deliver curtain rings according to specifications within 14 days after receipt of order. We make curtain rings for our customers in copper, wood, and plastic. Please see the enclosed price list for correct terms and prices. Thank you for your inquiry. We hope to be of service to you. This offer is valid for only 14 days from the date of this letter.

3. Rudolf Werneyer, Bonnerstr. 7292, 5000 Köln 1. Thank you for your inquiry from 8.12.19... We are sending you a price list for our nozzles in a variety of materials. Since your company is not technically oriented, we would recommend that you speak with our engineer in person, who will be in Koeln in 3 days from the date of this letter. Therefore we are not sending you any firm offer. Our terms of payment can be found within our price list. Any other questions can be answered by our sales engineer who is empowered to make a firm offer on the spot on our behalf.

Firma
Wolfgang Zahn
Bahnhofstr. 55

4300 Essen 1

RR/vl   2.2.19..   MG/eq   Ulm, den 7. 2. 19..

Betr.: Ihre Anfrage vom 2. 2. 19..

Sehr geehrte Herren,

Wir bestätigen den Empfang Ihres Briefes vom 2. 2. 19.. und machen Ihnen nachstehendes Angebot:

Gläserne Aschenbecher mit Ihrem Firmenzeichen, je DM 4,75
Porzellan Aschenbecher mit Ihrem Firmenzeichen, je DM 6,85

Die Preise verstehen sich inklusive Verpackung für Geschenkzwecke. Wir beliefern Sie innerhalb von 8 Tagen nach Eingang Ihres Auftrages. Zahlungsbedingungen: 2 % Skonto innerhalb von 7 Tagen.

Mit gleicher Post übersenden wir Ihnen je ein Muster.

Hochachtungsvoll

Max Geiser
Glashüttenwerke KG.

Notizen:

THIS CHAPTER CONCERNS ITSELF WITH THE ORDER OF GOODS, THE
TYPES OF ORDERS, THE DEFINITION OF A CONTRACT, AND WHAT THAT
MEANS TO THE PARTIES INVOLVED.

DIE BESTELLUNG.

ES DARF NICHT VERGESSEN WERDEN, DAß VIELE BRIEFE HEUTE
DURCH FORMULARE ERSETZT WERDEN: BESTELLFORMULARE, AUF-
TRAGSBESTÄTIGUNGEN, LIEFERANZEIGEN, etc.; ZEIT IST GELD!

Der Kaufmann unterscheidet zwei Arten von Bestellungen*:

Er bestellt entweder f r e i, das heißt,
ohne vorheriges Angebot, oder er bestellt seine
Ware auf Grund eines vorherigen Angebotes.

Eine Bestellung ohne ein vorheriges Angebot oder auf Grund
eines unverbindlichen Angebots*, ist noch k e i n
Kaufvertrag*. Der Käufer bittet lediglich um eine
Lieferung. Der Lieferer nimmt den Auftrag an, indem er
einfach liefert oder diesen Auftrag schriftlich bestätigt.
Möchte der Lieferer den Auftrag nicht annehmen, so hat er
das Recht, den Auftrag einfach abzulehnen.

Liegt einer Bestellung jedoch ein festes Angebot* zu
Grunde, so akzeptiert der Käufer die im Angebot des
Lieferers genannten Bedingungen. In diesem Fall liegt ein
Kaufvertrag vor, der beide Parteien zum Einhalten des
Vertrages zwingt. Ein solcher Vertrag kann nur von beiden
Parteien gelöst werden. Der Käufer muß die Ware annehmen
und bezahlen, der Verkäufer muß sich an sein festes Angebot
halten.

EIN KONTRAKT IST DAHER NICHTS ANDERES, ALS EIN ARRANGEMENT,
IN DEM SICH DER KÄUFER UND VERKÄUFER SCHRIFTLICH GEEINIGT
HABEN, EINE BESTIMMTE MENGE EINER WARE FÜR EINEN BESTIMMTEN
PREIS, UNTER BESTIMMTEN BEDINGUNGEN ZU VERKAUFEN.

EIN KONTRAKT IST ALSO NUR EINE JURISTISCHE TERMINOLOGIE FÜR
EINEN KAUFVERTRAG.

Was soll eine Bestellung enthalten?

a. Einen Hinweis auf ein bestimmtes Angebot, einen
Vertreterbesuch, eine bestimmte Preisliste,
etc...

31

b. Alle wichtigen Teile des Angebots: Menge, Güte, Art, Umfang der Lieferung, Lieferung, Preis, etc.,

c. Lieferungsbedingungen, inklusive Zeitfaktoren.

d. Zahlungsbedingungen.

e. Vorbehalte* oder Sonderwünsche (Umtauschrecht*, Rückgaberecht*, Kauf auf Probe*, etc.)

Bezieht sich der Auftraggeber auf ein ausführliches Angebot*, so ist es nicht notwendig, daß alle Lieferungs- und Zahlungsbedingungen* wiederholt werden müssen. Man sagt dann z. B. einfach: Mit Ihren Zahlungs- und Lieferungsbedingungen erklären wir uns einverstanden.

Man muß auch sorgfältig die Bestellformulare oder -Briefe auf eventuelle Einkaufsbedingungen prüfen. Es ist in Deutschland üblich, diese auf der Rückseite einer Bestellung vorgedruckt zu finden - sehr oft in mehreren Sprachen.

Wenn man einen Auftrag akzeptiert, kann man später schlecht sagen, man habe die rückseitigen Einkaufsbedingungen nicht gesehen! Wenn dem Verkäufer eine oder mehrere Bedingungen nicht gefallen, so muß er das an dieser Stelle sagen und entsprechende Änderungen vorschlagen.

Gebräuchliche Redewendungen:

Zu a.   Ihr Angebot vom .... sagt mir zu.
Ich bestelle aus Ihrer Preisliste vom ....
Ich danke für Ihr Angebot und bestelle zu Ihren Bedingungen:
Ihr Vertreter versichert mir, ...darum bestelle ich ..
Ich überreiche Ihnen beigefügten Auftrag über ....

Zu b.   3 Schlagwerkkaffeemühlen in Luxusausführung mit mattschwarzem Gehäuse und Metallring, je DM 270,77.
25 feine Hemdblusenkleider, Größe 38, Bestellnummer:09867677, je DM 189,23.
25 Hoover Klopfstaubsauger, Modell # 1346, ohne Sonderzubehör, je   DM 1. 5341,00.

32

Zu c.   Lieferung: sofort, per Expreß.
         Wir erwarten Ihre Lieferung noch vor Weihnachten.
         Bitte liefern Sie an unsere Niederlassung, dort,
         die den
         Weiterversandt übernimmt.

Zu d.   Ich bin mit Ihren Zahlungsbedingungen ein-
         verstanden.
         Zahlung: Nachnahme mit 2 % Skonto.
         Zahlungsbedingungen: Innerhalb von einer Woche
         mit 2 % Skonto oder innerhalb von 30 Tagen ohne
         Abzug.

Zu e.   Falls mir die Güte nicht zusagt, werden wir die Ware
         zurücksenden. Wir bestehen auf Umtauschrecht
         binnen 8 Tagen. Unser Firmenname soll auf den
         Geschenken unauffällig angebracht werden. Bitte
         achten Sie auf sorgfältige Verpackung, besonders
         bei den Glaswaren.

                    V O K A B E L N

ablehnen   - decline,to; refuse, to
akzeptieren   - accept, to
annehmen   - accept, to; approve

Bedingung, f   - condition
bestätigen   - acknowledge, to

einhalten   - abide by, to; conform with

Kaufvertrag, m   - contract
Kauf auf Probe,m   - trial purchase

Rücksenderecht,n   - right to return

Umtauschrecht,n   - right to exchange
unverbindlich   - without obligation

Vertrag lösen   - terminate a contract,to
Vorbehalt, m   - reservation, provision

Zeitfaktor,m   - time factor

                         33

ÜBUNGEN:

Write an order:

1. To: Harold Stuhl GmbH., Am Wasser 25a, Hamburg. Thank him for the offer of January 27, 19.. for 200 steel doors, gray, first quality. The price for each door is DM 650,--, which amounts to the total sum of DM 130.000,--. This price includes transportation cost and value added tax of 14 %. The doors will be delivered within 10 days after receipt of order, via Bundesbahnspediteur. Payment is due in full upon receipt of goods.You have the right to exchange for 10 working days after delivery.

2. To: Johann Weinburtger, Südfruchtimporteur. Am Strand 17, München. I have received your offer from December 1 190.. for 2, ooo coffee mugs. The price for each mug is DM 11.98, = DM 23.960.--which is the total price including transportation cost, and value added tax. I will be expecting delivery within one week of the receipt of my order. Payment is 2 % discount on prompt payment within 5 days of receipt of merchandise. Payment in full due within 30 days. I reserve the right to exchange or return any unsatisfactory goods.

3. To: Wilhelm Backhaus, Grubenstr. 20, Hamburg. Thank you for your offer of November 3, 19.. for 1000 bottle of French table wine, red, year 1981 from the wineries of Lebeaux de Paris. The price per bottle is DM 4,50, for a total of DM 4.500,--. Please send them by rail. I understand I must pay tax, and for transportation. Payment will be in full upon delivery. I expect shipment within 30 days. I reserve the right of exhange within 13 working days, after the receipt of the goods.

Firma
Herbert Sonne GmbH.
Weissfrauenstr. 998

5650 Solingen 1

VV/sp   12.8.19..   JE/bc   Münster, den 16.8.19..

Betr.: Meine telefonische Bestellung vom 14.8.19..

Sehr geehrter Herr Sonne!

Wie wir bereits telefonisch besprochen haben, bestelle ich
hiermit bei Ihnen aus Ihrem Sommerkatalog S. 198, Be-
stellnumer: 5589:

      100 000 Briefumschläge, weiß, gummiert,
      je 100, DM 5,99 = DM 5.999.--, inklusive
      Steuern und Verpackungskosten.

Bei Mengen über 10 000 liefern Sie frei Haus. Sie gewähren 2 % Skonto bei Zahlung innerhalb von 5 Tagen.

Mit freundlichem Gruß

Johann Edelmann
Vollmer Verlagsgruppe, GmbH.

Notizen:

THE CONFIRMATION OF AN ORDER IS VERY IMPORTANT IN GERMAN
BUSINESS. ORDERS WITH AND WITHOUT PRIOR OFFERS ARE BEING
CONFIRMED EITHER BY PRINTED FORMLETTER OR BY A NORMAL
LETTER OF CONFIRMATION. IN CASE OF LEGAL PROBLEMS IN SUCH
MATTERS CONSULT THE HGB INDEX.

Die Bestellungsannahme.

Bei einem normalen Geschäftsablauf erübrigt sich eine
Bestätigung* des Auftrages. Stattdessen wird <u>sofort</u>
geliefert. Die Rechnung wird der Sendung entweder <u>sofort</u>
beigefügt oder separat zugestellt. Sollte bei einem Auftrag
jedoch etwas fehlen, sollte er telefonisch gegeben worden
sein oder sollte er nach einiger Zeit (erst in ein paar
Wochen), so ist ein Bestätigungsbrief notwendig. Es ist für
den Kunden (Käufer) wichtig zu wissen, ob der Auftrag
erhalten wurde, ob er und wie er durchgeführt wird. Viele
Firmen haben für diesen Zweck, wie auch für Bestellungen,
vorgedruckte Formulare nach (DIN 49043, DIN 4933).

Wichtig ist die Annahme eines Auftrages bei unverbindlichen Angeboten*, denn in diesem Augenblick hat der Kunde
erst die Gewißheit, daß sein Auftrag ausgeführt wird.

Sollte der Kunde bei der Bestellung das Angebot in
irgendeiner Form abgeändert haben, so gilt die Bestellung
erst dann als bindend (Kaufvertrag), wenn eine Bestätigung
des Lieferers eintrifft. In diesem Falle ist das Angebot
und die Bestellung nicht bindend, sondern erst die
angenommene Bestätigung des Lieferers.

Falls der Lieferer nicht bereit ist, zu liefern, so kann er
absagen. Wenn er das nicht tut, so kann der Käufer, wenn er
in der sogenannten handelsüblichen Zeit keine
Auftragsbestätigung erhält, einen neuen Auftrag an einen
anderen Lieferanten geben, ohne sich um den ersten Auftrag
kümmern zu müssen. Darum ist eine Auftragsbestätigung oft
sehr wichtig.

Was soll eine Bestellungsannahme enthalten?

a. Dank für die erhaltene Bestellung
b. Klare Wiedergabe der Bestellung und die
   Bedingungen des Vertrages.
c. Lieferungsbedingungen

d. Berichtigung von Irrtümern; Zusage für
sorgfältige Ausführung des Auftrages.

Gebräuchliche Redewendungen.

Zu a.   Vielen Dank für Ihren Auftrag.
Ich danke Ihnen für Ihren Auftrag vom....
Ihr Auftrag freut mich,.......oder: Ihre Be-
stellung freut mich.

Zu b.   Sie bestellten zu den rückseitigen Bedingungen.
Ihre Bestellung lautet:........
Mit unseren Verkaufsbedingungen haben Sie sich
einverstanden erklärt.

Zu c.   Der Auftrag wird innerhalb von 3 Wochen ausgeführt.
Ihre Bestellung wird möglichst bald ausgeführt
Wir werden Ihre Ware in der nächsten Woche
absenden.

Zu d.   Leider müssen wir Sie berichtigen: Der Karton
kostet DM ...... und nicht DM ....., wie Sie
bestellt haben.
Im Augenblick haben wir leider nur rote Vasen,
teilen Sie uns bitte mit,....

V O K A B E L N

abändern	- alter, to
Ausführung, f	- execution, carrying out
beifügen	- enclose, to; amend, to
Berichtigung, f	- adjustment
Bestätigung, f	- acknowledgement
Bestellungsannahme, f	- acceptance of an order
Irrtum, m	- error
Rechnung, f	- invoice, bill
Sendung, f	- consignment, lot, shipment
Wiedergabe, f	- reproduction

38

Zusage,f   - acceptance, consent
zustellen   - deliver, to; send, to

                    Ü B U N G E N

Acceptance of an order:

1. Halle Import-Export G.m.b.H., Cocoweg 2, 8059 Bockhorn.
Thank you for your order of Dec 3, 19.,.. for 500 kilos of
Dutch chocolate. Our price per kilo is DM 28,--, with the
total price for your order of DM 14.000,--, including
transportation and packaging, and insurance.

The chocolate will be delivered within 20 days and payment
is expected in full upon delivery.Should the merchandise
not be to your satisfaction you may return any portion or
all of your order within 10 days for a complete refund or
exchange.

2. Merkury Fahrrad AG., Trambart 19, 3451 Golmbach. We were
happy to receive your order of June 2, 19.. for 628 aluminum
bicycle frames sizes 490 cm through 56 cm. The agreed upon
price for the frames is DM 870,-- per frame with the total
price of DM 546.360,--including taxes, transportation, and
packaging, but excluding 14 % value added tax.
Your prompt payment upon the receipt of the goods will be
expected; any damaged frames may be returned within 20 days
of receipt.

3. Firma Ritter Glas, Hasengasse 3, 2421 Glasau. Thank you
for your order of Jan 12., 19... . 25 glass ashtrays with your
company name are being made to your specifications. The
price is DM 76,00 each and your order is for DM 1.900, 00.
Packaging and transportation is included in the total
price. We will deliver the shipment within 8 days and terms
of payment are 2 % discount within 7 days of receipt of
goods.

Herrn Direktor
Dr. Walter Richterfeld
Herrenwagenstraße 345

4500 Osnabrück

SS/yed   16.9.19..   HH/kf   Ulm, den 19.9.19..

Betr.: Ihre Bestellung vom 19.6.19..

Sehr geehrter Herr Dr. Richterfeld!

Wir danken Ihnen für Ihre Bestellung per unserer
Preisliste und bestätigen den folgenden Auftrag:

25 Wasserfilter # 994847a-1 je DM 332,99 = DM 8.324,74
42 Halbfilterarme # 4331   je DM 79.85 = DM 3.353,70
                            Endsumme: DM 11.678,45
                            ============

Wir übernehmen sämtliche Transport-und andere Neben-
kosten,   inklusive Versicherung und Verpackung. Wir
verschiffen die Waren mit unserem werkeigenen Transporter.
Sie können sich mit unserem Herrn Manfred Fischer über
Details   unter   unserer   Hausnummer 557 jederzeit in
Verbindung setzen.

Wir werden die Rechnung wie immer beim Empfang, nach
Kontrolle der Ware, vorlegen.

Mit freundlichen Grüßen

Hans Hansen
FILTERSPEK KG.

THE PURCHASING CONTRACT IS REALLY JUST A LEGAL TERM. IT MEANS THAT IF THE TERMS OF A PURCHASE AGREEMENT ARE FULLFILLED, THAT IS, CERTAIN GOODS HAVE BEEN SOLD, DELIVERED, AND PAYED FOR AS AGREED, THE CONTRACT HAS BEEN FULLFILLED. ONE SHOULD HOWEVER LOOK AT THE WAY THE GERMAN BUSINESSMAN LOOKS AT THE TOPIC.

DER KAUFVERTRAG.

Der Kaufvertrag* ist erfüllt, wenn der Lieferer die Ware entsprechend den Vereinbarungen geliefert hat.

Sollte kein bestimmter Liefertermin* ausgemacht worden sein, so erwartet man eine sofortige Lieferung. Benutzt man ein eigenes Fahrzeug zum Abholen, so ist es üblich, einen Lieferschein mitzuschicken, aus dem Warenmenge und Warenart ersichtlich ist. Der Durchschlag dieses Lieferscheins gilt oft als Empfangsbestätigung für die Ware.

Es bestehen keine Vorschriften über die Form des Kaufvertrages. Es sollte hervorgehoben werden, daß die meisten Verträge mündlich gemacht werden, nämlich im Einzelhandel, wenn die Hausfrau täglich ihre Einkäufe macht. Dabei sind sich beide Handelspartner meistens nicht bewußt, daß sie einen Vertrag eingegangen sind.

Schriftliche Kaufverträge bestehen meistens aus einem Angebot und der Annahme des Angebotes. Auch gelten telegrafische Angebote und Annahmen als Kaufverträge.

Beim Kauf und Verkauf eines Grundstückes* ist es üblich, durch einen Notar den Vertrag beglaubigen zu lassen. Ähnliche Schriftstücke, jedoch ohne Notar, werden beim Ratenkauf ausgestellt.

Ein Kaufvertrag ist also nicht unbedingt ein Stück Papier, das verhandelte Vorgänge schriftlich festhält; er kann mündlich abgesprochen worden sein, was nicht immer sehr klug ist. Ein Kaufvertrag ist somit eine juristische Terminologie für einen kaufmännischen Vorgang.

41

V O K A B E L N

beglaubigen	- certify
Durchschlag,m	- copy
Einzelhandel,m	- retail
Empfangsbescheinigung,f	- receipt of delivery
Grundstück,n	- property (real estate)
Handelspartner,m	- business partner
Kaufvertrag,m	- contract
Liefertermin,m	- delivery date
Notar,m	- lawyer
Ratenkauf,m	- purchase on time
Schriftstück,n	- document
Vereinbarung,f	- agreement
Vorschrift,f	- rule

BEFORE ONE BILLS SOMEONE FOR ANY GOODS ONE SHOULD MAKE VERY
SURE THAT THE GOODS HAVE BEEN DELIVERED. ONE WAY TO ASSURE
YOURSELF OF DELIVERY IS TO REQUIRE A RECEIPT OF ONE SORT OR
ANOTHER FOR DELIVERY.

Die Lieferung.

Um den Kunden davon zu informieren, daß die Lieferung*
ausgeführt ist, hat der Lieferer die Wahl zwischen:

1. einem Lieferschein
2. einer Versandanzeige
3. oder einer Rechnung.

Für alle drei Möglichkeiten gibt es vorgedruckte Formulare
oder Blocks. Eine Kopie dient dem Kunden zur Prüfung der
eingegangenen Ware. Eine Kopie kann in vielen Fällen der
Sendung beigelegt werden.

Wird nicht sofort eine Rechnung ausgestellt, so wird eine
Versandanzeige* verschickt. Das gleiche gilt für Waren,
die eine größere Entfernung zurücklegen müssen. Dies wird
bedeutungsvoll, wenn es sich um das Einhalten eines
Liefertermins handelt.

Was soll eine Lieferanzeige enthalten?

a. den Liefertag

b. den Versandweg

c. einen Hinweis auf die Rechnung

d. Besondere Hinweise bei der Bestellung.

Gebräuchliche Redewendungen:

Zu a,b. Per Lastkraftwagen haben wir Ihnen heute
zugeschickt:...Auf Ihre Bestellung vom ... sandten wir
Ihnen heute.....Als Expreßgut haben wir Ihnen folgende
Lieferung zugesandt:

Zu c. Wir fügen unserem Schreiben unsere Rechnung über DM
.... ,.. bei. Die Ueberweisung des Rechnungsbetrages wird
innerhalb von 2 Wochen erbeten. (Postscheckkonto Ffm. #

43

333). Ich bitte Sie, den Rechnungsbetrag auf mein Konto bei der Frankfurter Bank zu überweisen.

Zu d. Als Teillieferung haben wir heute 3 Kisten an Sie per Expreßgut mit dem LKW abgeschickt. Leider sind wir auf Grund des noch nicht beendigten Streiks nicht in der Lage, die vierte Kiste mit den Kugellagern sofort zu liefern. Wir bitten Sie um Geduld und versprechen baldmöglichst Ihren Wünschen nachzukommen. Bitte unterrichten Sie uns, falls Sie von anderen Bezugsquellen Gebrauch machen wollen.

V O K A B E L N

Abweichung,f	- deviation, variation
Bezugsquelle,f	- market, source of supply
Konto,n	- account
Lieferanzeige,f	- delivery announcement
Liefertag,m	- delivery date
Lieferung,f	- delivery
Prüfung,f	- inspection, examination
Rechnungsbetrag,m	- amount of invoice
Versandanzeige,f	- dispatch notice
Versandweg,m	- delivery route
Wahl,f	- choice

Ü B U N G E N:

Delivery notice:

1. Firma Herrman Baumast, Pflanzenstr. 6, 5510 Saarburg/Saar. We have sent to you 10 (ten) 50 kg bags of unprocessed cotton with our delivery trucks. The payment of DM 1 500,00 for the delivery will be due within 2 weeks from today.

2. Schlucht und Graben GmbH., Betronweg 1a, 5521 Trimport.

44

We inform you that today 4 cases of steel rods have been sent to your company in Hannover. They are being sent by rail and delivered by truck to your door within 72 hours. Total charges are DM 2.000,-- as shown on the bill sent to you with the shipment. Payment is due within 30 days of the receipt of goods.

3. Allgemeine Lagerverwaltung OHG., Havelland 551, 7861 Hasel. Today we will send your shipment, order # 88797 to your facilities in Berlin. There will be only 4 cartons of item # 446a instead of 7. The remaining cartons will be sent to you by air freight due to a production error.These remaining cartons will be sent 3 days from today. Your shipper for the first load of goods will be the Henderlein KG, Kassel, Tel.: 5 67 87 90. We hope not to have caused too great an inconvenience. The 2nd load will be sent by the same shipper. Payment will be due 5 working days after receipt of goods.

Notizen:

THIS CHAPTER CONCERNS ITSELF WITH "HOW TO ENTER THE GERMAN MARKET PLACE". IF YOU LEARN HOW TO WRITE GERMAN BUSINESS LETTERS, YOU WILL WANT TO KNOW WHERE TO FIND INFORMATION ABOUT THE GERMAN MARKET, AND HOW GERMAN INDUSTRY IS ORGANIZED ETC.

Wie man in den deutschen Markt einsteigt.

Man steigt mit seinem Produkt in den deutschen Markt* ein, wie man in jeden anderen ausländischen Markt einsteigt: sehr vorsichtig. Aber, wenn man ein Produkt hat, das in den USA ein Verkaufsschlager ist, so ist die Wahrscheinlichkeit, daß es auch in Deutschland gut zu verkaufen sein wird, sehr groß.

Man muß sich auch darüber klar sein, daß mindestens zwei Vorbereitungswege nötig sind, um sich gut auf den Export eines oder mehrerer Produkte vorzubereiten:

1. Was man von seinem Schreibtisch aus vorbereiten kann.

2. Was man nur an Ort und Stelle lernen kann.

Es ist erstaunlich, was man alles vom Schreibtisch aus erfahren kann, wenn man weiß, was man will, bzw., was man wen fragen muß. - Zuerst muß man sich einmal fragen, vorausgesetzt man ist sicher, daß sein Produkt ein Exportprodukt ist, was man damit tun will?

Will man damit in den Einzelhandel, den Großhandel oder in die Produktion, die Industrie? Will man einen Vertreter oder einen Rechtsanwalt drüben anstellen, muß man herausfinden, wie man das macht.

Muß man Marktforschung betreiben, wenn ja, wie erfährt man, wer zuverlässig ist? Wer kann einen gut über die Konkurrenz beraten? Wer ist ehrlich?

All das sind unbedingt gute Fragen, die hier nicht im Einzelnen beantwortet werden sollen. Allgemein gesagt, kann man darauf alle Antworten vom Schreibtisch erst einmal zu fragen beginnen. Dabei ist es sehr wichtig zu wissen, daß die deutsche Industrie in zehn Branchen eingeteilt ist, durch den sogenannten Branchenschlüssel.Z.B.: 000 = Land- und Forstwirtschaft; 200 = Energiewesen; 500 = Mineralöl- verarbeitung und Kohlenstoffindustrie, 600 = Großhandel, etc..

Was bedeutet dieses Wissen ? Nun, jedes Produkt und jede
Firma kann durch diesen Branchenschlüssel in Nachschlage-
werken wie " Wer gehört zu wem" oder " "Wer liefert
was",gefunden werden. Auf der anderen Seite sollte man
wissen, daß jede dieser Branchen einem Arbeitgeberverband
angehört und gleichzeitig Mitglied der Handelskammer* sein
muß. Die Arbeitgeberverbände, sowie die deutsche
Handelskammer in Deutschland, (nicht zu vergessen, die
DEUTSCH AMERIKANISCHE HANDELSKAMMER in den USA) haben
enorme Mengen von sehr brauchbaren Handelsinformationen
allgemeiner und sehr spezieller Art bei Anfragen kostenlos
zur Verfügung. Wenn nichts anderes, so können sie einem
sagen, wo man die gesuchte Information bekommen kann.

Man darf nicht vergessen, daß die einzelnen deutschen
Landesministerien hervorragende Forschungsabteilungen
und Informationsstellen haben, die einem zukünftigen
etwaigen Investor gedruckte Auskunft von demografischen
Statistiken zu finanzieller Hilfe geben können.

Wenn man erst einmal herausgefunden hat, was man in
Deutschland erreichen will, ob es nun im Einzelhandel oder
Großhandel oder in der Industrie ist, so wird man sich mit
den entsprechenden Vertretern in Verbindung setzen und die
entsprechenden Fragen fragen. Wenn man ein Grundstück
kaufen will, empfiehlt es sich, einen Rechtsanwalt zu
nehmen; will man sich zuerst mit einem Vertreter begnügen,
so sollte man vertraglich festlegen, was man von einem
solchen Mann will, und was er dafür bekommt. Solche
Verträge müssen genau überlegt werden, und beide Seiten
sollten sich vorher einigen, wie man aus einem solchen
Vertrag herauskommen kann, falls man sich nicht versteht.

Wenn man durch einen Großhändler vertreten werden will, ist
es notwendig, sich nach den Verteilerwegen zu erkundigen.
Auch sollte man sich, wie beim Vertreter, über die Person
oder Personen, mit denen man Geschäfte machen will, genau
erkundigen, was oft nicht ganz so leicht ist, wie in den
USA. Hier kann auch wieder die Handelskammer behilflich
sein.

Will man seine eigene Produktionsanlage bauen oder eine
bereits existierende kaufen wollen, so sollte man sich
genau über die Vor- und Nachteile der verschiedenen
Gesellschaftsformen* (also: GmbH, KG., OHG., AG.,)
erkundigen, die für jede Firma von verschiedenem Interesse
sein werden.

48

Gleichzeitig kann man sich über eventuelle Finanzierungs-
beihilfen etc., erkundigen. Diese Information gibt es oft
von den verschiedenen Ländern in Deutschland und nicht zu
vergessen auch von den verschiedenen hier in den USA
vertretenen deutschen Banken und nicht zuletzt dem
Deutschen Konsulat, das in den meisten großen amerikanischen Städten auf irgendeine direkte oder indirekte Art
vertreten ist.

Der Zugang zu dem deutschen Markt* ist im Prinzip
unbegrenzt. Mit dem Wort Prinzip ist gemeint, daß es für
verschiedene Produkte, wie z. B. für Nahrungsmittel,
Vorschriften gibt, die die Einfuhr kompliziert machen
können. Die Bundesarbeitsgemeinschaft der Mittel- und
Großbetriebe des Einzelhandels in Köln könnte sehr viele
Probleme vermeiden helfen, indem der zukünftige Kapitalan-
leger die richtigen Fragen fragt. Andere hilfreiche
Stellen in Deutschland wären die Außenhandelsvereinigung
des Deutschen Einzelhandels e.V.; Der Bundesverband des
Deutschen Groß- und Außenhandels e. V.; oder die
Bundesvereinigung deutscher Einkaufsverbände, um nur
einige zu nennen. Nennenswert wäre noch die Adresse der
Bundesstelle für Außenhandelsinformation, von der viele
Veröffentlichungen kostenlos erhältlich sind.

Um sich über deutschen Geschmack zu informieren, ist es
immer eine gute Idee, sich einen Katalog eines großen
Versandhauses zu besorgen. Hierin kann man sehr viel über
Farbkombinationen und die Konkurrenz lernen, und eventuell
das eigene Produkt dem lokalen Markt angleichen.

Nichts geht jedoch über einen persönlichen Besuch in einem
fremden Land! Dies hat aber nur wirklich Sinn, wenn alle
Informationsquellen vom Schreibtisch her erschöpft sind
und man ohne selbst dort gewesen zu sein, keine Information
mehr aus Büchern bekommen kann. Bewaffnet mit einer
möglichst großen Liste von Fragen sollte man sich auf den
Weg machen. Eine gute Idee ist es immer, diese Reise mit
einer der vielen Messen zu verbinden, die es in Deutschland
gibt, und die im Handel eine große Rolle spielen. Dazu
sollte man die bekanntesten Messen kennen: die allgemeine
Frankfurter Messe; die Hannoversche Messe; die Nürnberger
Spielwaren Messe und etwa 100 plus Spezialmessen, die
jährlich in Deutschland stattfinden. Hier kann man seine
ersten Kontakte mit Herstellern, Großhändlern und
Einzelhändlern aufnehmen.

Auch sollte man sich mit deutschen Werbungsgesetzen* sehr

vertraut machen. Man sollte wissen, welchen eventuellen
Einfluß das Mitbestimmungsrecht auf die zukünftige Firma
haben könnte. Man sollte wissen, w i e man einen guten
Rechtsanwalt bekommt, und wie man am besten gute
Mitarbeiter für die neue Firma bekommt. Arbeitsrecht,
besonders Anstellungsverträge und Entlassungsprobleme
sollten vom zukünftigen Arbeitgeber besonders angespro-
chen werden. Es sollte dem zukünftigen Anleger bekannt
sein, daß eine amerikanische Niederlassung in Deutschland, deutschen Gesetzen untersteht, wie eine deutsche
Firma in Amerika, amerikanischen Gesetzen untersteht. All
diese Information zu verarbeiten kostet Zeit. Eine gute
Vorarbeit kann jedoch einen späteren "Reinfall" vermeiden
helfen. Oft ist auch eine gute Idee, sich bei anderen,
bereits bestehenden amerikanischen Firmen in Deutschland
umzusehen oder sich mit deren Representanten über seine
Pläne zu unterhalten. Man mache nur sicher, daß diese Firma
nicht von jedem Neuankömmling mit dem gleichen Problem
belästigt wird. Das irritiert selbst den geduldigen
Amerikaner.

Man sollte auch sehr genau über deutsche Einfuhrbestim-
mungen Bescheid wissen. Das gleiche gilt für Regeln im
Gemeinsamen Markt. Man vergesse auch nicht Regeln zur
Verpackung, sowie mögliche Einfuhrzölle oder Steuern
nachzuschlagen.

V O K A B E L N

Arbeitgeberverband,m   - employers association

Branche,f   - branch (of industry)
Branchenschlüssel,m   - trade or industry code

Deutsche Handelskammer,f   - German Chamber of
                                      - Commerce

einsteigen   - enter,to
Einfuhrbestimmung,f   - import rules
Einzelhandel,m   - retail
erfahren   - find out,to
erkundigen   - inquire,to

Farbkombination,f   - color combination
Finanzierungsbeihilfe,f   - financial aid
Forschungsabteilung,f   - research department

50

Großhandel,m	- wholesale
Grundstück,n	- property
Industrie,f	- industry
Kapitalanleger,m	- investor
Konkurrenz,f	- competition
Landesministerium,n	- ministry of a state
Marktforschung,f	- market research
Messe,f	- fair
Nahrungsmittel,f	- food stuffs
nennenswert	- notable
Produktionsanlage,f	- production line
Rechtsanwalt,m	- lawyer
Reinfall,m	- desaster
Verkaufsschlager,m	- hit
Versandhaus,n	- mail order house
Verteilerweg,m	- distribution
vertreten	- represent,to
Vertreter,m	- representative
vorbereiten	- prepare,to
Vorschrift,f	- rule
vorsichtig	- carefully
zuverlässig	- reliable

Notizen:

THE GERMAN POSTOFFICE IS NOT THAT DIFFERENT FROM THE AMERICAN COUNTERPART. THERE ARE HOWEVER SOME DIFFERENCES THAT A BUSINESSMAN SHOULD BE AWARE OF WHEN HE IS IN GERMANY.

Der Nachrichten- und Güterverkehr

Für die Übermittlung von Nachrichten aller Art ist in Deutschland die DEUTSCHE BUNDESPOST* verantwortlich. Sie hat eine Monopolstellung und damit eine sogenannte Beförderungspflicht. Auch ist sie ein Staatsbetrieb, gehört also dem Staat und wird von ihm entsprechend finanziert. Gebühren für die Übermittlung von Nachrichten sind aus dem Postgebührenheft ersichtlich. Eine solche Übermittlung von Nachrichten findet entweder durch Briefe, Telegramme, Fernschreiber, Telefon oder Funkgespräche statt. Hinzukommt, daß die Post ein Teil des Banksystems ist, indem sie durch ihre Postscheckämter einen großen Prozentsatz der deutschen Schecks bargeldlos transferiert.

Der Briefverkehr

Als Briefe gelten Sendungen in einem Umschlag bis zu 1.000 gr.. Der Absender versieht den Umschlag mit dem nötigen Porto. Sollte der Betrag nicht ausreichen, so muß der Empfänger eine Nachgebühr bezahlen. Die Nachgebühr ist 1 1/2 mal so hoch, wie das Porto normalerweise ist.

Der Einschreibebrief

Wenn der Vermerk: EINSCHREIBEN* auf dem Umschlag steht, so muß der Brief beim Postamt eingeliefert werden. Hier erhält der Absender einen Einlieferungsschein. Dieser dient als Beleg, daß der Brief abgeschickt worden ist. Solche Briefe werden wie normale Briefe von der Post befördert und mit der normalen Post geliefert. Der Empfänger jedoch muß den Empfang quittieren. Bei Verlust eines solchen Briefes durch die Post, leistet die Post einen automatischen Ersatz von DM 40.-- an den Absender. Ein Einschreibebrief erfordert eine zusätzliche Gebühr, die sogenannte Einschreibegebühr.

53

Der Wertbrief

Wertbriefe* sollen im allgemeinen versiegelt sein, sodaß
es leicht auffällt, wenn ein Brief geöffnet worden ist.
Gleichzeitig muß der Absender einen wirklichen Wert
angeben. Der Absender muß den Brief beim Postamt
einliefern. Er erhält dafür einen Beleg. Der Wertbrief wird
nur gegen Empfangsbescheinigung ausgeliefert. Bei Verlust
erstattet die Post den Schaden in der Höhe des wirklich
entstandenen Schadens, jedoch nicht höher als die gemachte
Wertangabe. Die Gebühr für einen solchen Brief besteht aus:
der normalen Briefgebühr, der Wertangabegebühr und einer
Behandlungsgebühr.

Drucksachen

Als Drucksachen* gelten nur alle mechanisch vervielfältig-
ten Drucke. Dazu gehören nicht: mit der Schreibmaschine
angefertigte Vervielfältigungen, Schriftstücke, Stempel,
etc.. Sachliche Korrekturen können jedoch auf den
Drucksachen vorgenommen werden. Nachtragungen dürfen aber
nicht mehr als insgesamt 5 Worte betragen.

Drucksachen müssen immer offen geliefert werden. Im
allgemeinen erhält eine Drucksache die Aufschrift:
DRUCKSACHE. Die Gebühr für Drucksachen ist niedriger, als
für normale Briefe. Daher werden oft Werbeliteratur,
Preislisten und Rundschreiben, etc., als Drucksache
versandt.

Postwurfsendungen

Postwurfsendungen* sind meistens Sendungen und Mischsen-
dungen (Drucksachen mit Warenproben), die an eine
bestimmte Gruppe von Empfängern (z. B.: Schüler, Maurer,
Tankwarte, etc.) in einem bestimmten Ort geschickt werden
sollen. Hiervon ausgeschlossen sind Sendungen, die einen
religiösen oder politischen Inhalt haben. Diese Sendungen
müssen von dem Absender bei der Post eingeliefert werden.
Postwurfsendungen müssen im Ortsverkehr mindestens 100
Stück und im Fernverkehr mindestens 500 Stück betragen. Die
Gebühr hierfür ist gering.

Werbeantworten

Werbeantworten* sind Antwortpostkarten, die nicht freigemacht sind, aber das unterstrichene Wort: <u>Werbeantwort</u> tragen. Statt einer Briefmarke haben s<u>ie aber die</u> Aufschrift: GEBÜHR BEZAHLT DER EMPFÄNGER. Solche Antwortkarten müssen vom Absender, also dem Gewerbetreibenden, beim Postamt beantragt werden. Diese Antworten kosten eine geringere Gebühr als die normale Post. Es ist kein Geheimnis, daß der Versand, ob Brief oder Paket, in Deutschland teuer ist.

Nachnahmesendungen

Mit einer Nachnahmesendung* ist es möglich, Geld von einem Schuldner einzuziehen, die mit einer Empfangsbescheinigung quittiert wird. Der Absender liefert entweder den Nachnahmebrief oder die Nachnahmekarte beim Postamt ein, wofür er eine Bescheinigung erhält. Dem Empfänger wird die Karte oder der Brief nur gegen Zahlung der verlangten Summe ausgehändigt. Zahlt der Empfänger nicht oder ist er nicht anzutreffen, so wird die Nachnahmesendung nach einer Woche nochmals vorgelegt. Sollte der Adressat wieder nicht zu erreichen sein, wird die Sendung an den Absender zurückgesandt. Hat der Absender den Vermerk: SOFORT beigefügt und der Adressat wird nicht angetroffen oder weigert sich, die Sendung anzunehmen, so wird der Brief sofort zurückgeschickt.

Der Vermerk: EIGENHÄNDIG

Briefe mit einem solchen Vermerk sollen dem Adressaten persönlich ausgehändigt werden. Bei seiner Abwesenheit jedoch, dürfen bevollmächtigte Personen einen solchen Brief annehmen. Dagegen dürfen, Wertbriefe, Einschreibebriefe, etc, die einen solchen Vermerk haben, nicht an andere Personen ausgehändigt werden!! Für Briefe mit dem Vermerk EIGENHÄNDIG* wird eine besondere Gebühr von der Post erhoben.

Der Vermerk: GEGEN RÜCKSCHEIN

Will der Absender eine Bescheinigung über einen geschick-
ten Brief haben, so schreibt er den Vermerk: GEGEN
RÜCKSCHEIN* auf den Umschlag. Der Brief wird nun nur an den
Adressaten oder seinen Bevollmächtigten ausgehändigt und
der Rückschein geht automatisch an den Absender zurück.
Diese Briefe erfordern ebenfalls eine besondere Gebühr.

Der Rückruf von Postsendungen

Wenn eine Sendung den Adressaten noch nicht erreicht hat,
kann der Absender noch über sie verfügen. Der Absender kann
die Sendung zurückrufen oder sie umadressieren.

Der Absender kann sich entweder an das Aufgabepostamt oder
an das Bestimmungspostamt wenden. Hier muß er eine Kopie
der Adresse vorlegen, die möglichst von der gleichen
Maschine oder Handschrift geschrieben worden ist, wie sie
auf dem Brief steht, den er anhalten will. Der Absender muß
sich ausweisen. Dies ist beim Bestimmungspostamt meistens
WEGEN der Entfernung nicht möglich. Daher kann dieser
Vorgang des Rückrufs* per Telefon oder Telegramm
geschehen. Die Sendung wird bis zum Eintreffen der
schriftlichen Unterlagen vom Postamt aufgehalten.

Es soll nicht vergessen werden, daß die deutsche
Bundespost auch im Telefongeschäft, das finanziell sehr
einträglich ist, das Monopol hat. Der Postkundendienst ist
eine Art Lieferdienst, der in Deutschland gut verdient,
worin die Post jedoch Konkurrenz hat oder macht. Auch ist
die Post im Radio- und Fernsehübermittlungsdienst und
nicht zu vergessen, die Post ist eine große Konkurrenz der
deutschen Banken, besonders im bargeldlosen Überweisungs-
dienst.

V O K A B E L N

Adressat,m	- adressee
Aufgabepostamt,n	- office of dispatch
Beförderungspflicht,f	- transport obligation
Behandlungsgebühr,f	- handling charges
Bestimmungspostamt,n	- postal destination

56

Briefverkehr,m	- letter service
Drucksache,f	- printed matter
Einschreibebrief,m	- registered letter
Empfangsbestätigung,f	- receipt
freimachen	- postage paid
Funkspruch,m	- wireless message
Gebühr, f	- service charge
Güterverkehr,m	- goods traffic
Mischsendung,f	- mixed shipment
Nachgebühr,f	- postage due
Nachnahmesendung,f	- c.o.d.
Nachrichtenverkehr,m	- telecommunication
Nachtragung,f	- supplement
Postgebührenheft,n	- postal rates booklet
Postwurfsendung,f	- bulk mail
Rückruf,m	- recall
Rückschein,m	- return receipt
Rundschreiben,n	- cicular, memo
Schaden,m	- damage
Schuldner,m	- debtor
Übermittlung,f	- transmission
Verlust,m	- loss
versiegeln	- seal,to
Wertbrief,m	- insured letter
Werbung,f	- advertising

NOTIZEN:

THIS CHAPTER DEALS WITH AN OVERVIEW OF THE GERMAN
TRANSPORTATION SYSTEM.

Der Güterverkehr

Die wichtigsten deutschen Verkehrsmittel* sind:

a. die Post
b. die Eisenbahn
c. der Lastkraftwagen
d. die Binnenschiffahrt
e. das Flugzeug.

Zu a. Die Post befördert nur Güter bis zu 20 kg. Sie liefert
sie ins Haus. Die Post benutzt den Lastwagen, das Flugzeug
oder die Eisenbahn, je nach Entfernung, als Transportmit-
tel*. Zum Liefern der Güter hat sie einen separaten
"Paketpostboten". Das Paket wird auf dem Postamt
aufgegeben.

Zu b. Die Eisenbahn* bewältigt den größten Teil des
deutschen Güterverkehrs. Sie ist diejenige Institution die
dem Massenverkehr durch ihre Einrichtungen am besten
gewachsen ist. Die Bundesbahn (DBB) ist weltweit für ihr
ausgezeichnetes Personentransportnetz bekannt. Von der
Bundesbahn werden Güter entweder abgeholt oder ins Haus
gebracht. Man kann sie auch selbst zur Bahn bringen
und/oder abholen. Die DBB stellt ein komplettes
Dienstleistungssytem zur Verfügung.

Zu c. Der Lastwagenverkehr* ist die große Konkurrenz der
Eisenbahn. Obwohl die Bundesbahn das Monopol hat, so
beschränkt sie sich auf den Schienenverkehr und kann auf
den Straßen nur als Konkurrenz erscheinen. Hier ist der
Lastwagen König und ist Schuld daran, daß die DBB zu immer
größeren Leistungen angespornt wird. Der große Vorteil des
Lastwagens liegt darin, daß er nicht umgeladen werden muß,
also von Haus zu Haus liefert, was besonders auf kurzen
Strecken sehr wichtig ist. Auch ist es durch Eigenbesitz
eines Lastwagens möglich, unabhängig von Fahrplänen zu
sein.

Zu d. Die deutsche Binnenschiffahrt* ist ein ausgezeichnetes Massentransportmittel für Güter*, bei denen der
Zeitfaktor keine Rolle spielt. Der Wasserweg ist das
billigste Beförderungsmittel und dient zum Transport von
preislich niedrigen Waren und Materialien unverderblicher

Art, wie Zement, Kohle, Steine, etc.. Ein Blick auf eine
gute Landkarte wird jeden davon überzeugen, wie wichtig
die Binnenschiffahrt für Deutschland ist, besonders wenn
man erkennt, daß man zu fast jeder Stadt mit dem Schiff
gelangen kann. Deutschland ist sehr systematisch von
Kanälen durchzogen, die die großen Flüsse, wie den Rhein,
die Weser und die Elbe miteinander verbinden. Die
Überseeschiffahrt spielt selbstverständlich eine große
Rolle, soll aber nicht in diesem Zusammenhang behandelt
werden.

Zu e.Der Flugverkehr* ist durch seine Schnelligkeit
ausschlaggebender für den Überseeverkehr, wo Schnelligkeit der ausschlaggebende Faktor beim Versand von Gütern
ist. Schnelligkeit überwiegt oft den hohen Preis des
Verschiffens. Im Inland ist der Flugtransport ver-
gleichsweise minimal. Man bedenke dabei die Größe der
Bundesrepublik, wo man mit dem Lastwagen bei gutem Wetter
und keiner Verkehrsbehinderung fast jeden Ort innerhalb
von 24 Stunden erreichen kann. Für den Versand von Gütern
mit dem Flugzeug werden fast ausschließlich nur Formulare
ausgefüllt (Frachtbriefe mit und ohne Zollerklärungen).
Andere Korrespondenz ist nur üblich, wenn es sich um
Reklamationen handelt. Der größte Teil des kommerziellen
Gütertransportes mit dem Flugzeug erfolgt durch den
Spediteur.

Güterverkehr mit der Post.

Das Päckchen und das Paket.

Bei der Beförderung von Waren durch die Post muß zwischen
einem Päckchen* und einem Paket* unterschieden werden.

Päckchen sind geschlossene oder offene Sendungen bis zu 2
(zwei) kg. = 4 deutsche Pfund (1 Pfund = 500 gr.). Die
Päckchen müssen die Aufschrift PÄCKCHEN tragen und können
auch als EINSCHREIBEN versandt werden. Päckchen müssen am
Postschalter abgegeben werden.

Pakete werden bis zu 20 kg = 40 Pfund von der Post
angenommen. Sie müssen von einer Paketkarte begleitet
sein. Der Absender behält die linke Seite der Paketkarte
als Beleg. Die rechte Seite der Paketkarte ist der
Begleitschein des Paketes und bleibt beim Zielpostamt mit
der Unterschrift des Empfängers als Quittung für den Erhalt

des Paketes. Bei einem Paket zahlt der Empfänger immer die Zustellgebühr. Pakete können mit verschiedenen Geschwindigkeiten geschickt werden. Für jede Art des Transportes zahlt der Absender eine Gebühr. Ein Paket sollte immer eine 2. Anschrift obenauf, innen enthalten, sodaß im Falle die Adresse außen unleserlich wird, es trotzdem zugestellt werden kann.

Wenn man wirklich in Eile ist, kann man eine Telefonnummer auf die Adresse schreiben und die Post bitten, den Adressaten telefonisch von der Ankunft des Paketes zu informieren.

Unversiegelte Wertpakete werden von der Post nur bis zu einem Wert von DM 500,-- angenommen. Versiegelte Pakete müssen so versiegelt sein, daß ein Brechen des Siegels leicht erkennbar ist. Ein Wappensiegel wäre am empfehlenswertesten.

Die Postgebühren.

Die Postgebühr* besteht aus:

1. der Beförderungsgebühr
2. der Zustellgebühr

Die Beförderungsgebühr besteht aus dem Gewicht und der Entfernung. Für jedes zugestellte Paket bezahlt der Empfänger eine Zustellgebühr. Für Sonderbehandlung, wie Wertpakete, Eilpakete, Einschreibepakete, etc., wird eine weitere Behandlungsgebühr erhoben.

Das Postgut.

Der billigste Versand von kleinen Paketen, (bis zu 7 kg) geschieht im Inland als Postgut*. Das Paket muß durch die Aufschrift POSTGUT gekennzeichnet werden. Alles andere ist wie beim Paketverkehr geregelt. POSTGUT im Fernverkehr verlangt, daß mindestens 3 Sendungen an den gleichen Bestimmungsort gehen, sonst kann man kein Postgut verschicken. Es gibt jedoch von der Post gekennzeichnete Postämter bei denen keine Beschränkungen gelten.

Güterverkehr mit der Eisenbahn.

Der Versand von Stückgut per Eisenbahn richtet sich nach der Schnelligkeit der Beförderung. Hierbei unterscheidet man zwischen:

1. Frachtgut, Eilgut, beschleunigtem Eilgut und Expreßgut.

2. Sendungen nach dem Umfang der Ware: Stückgut, Wagenladungsgut, Sammelladungen der Spediteure und Gepäck.

Für jede Sendung muß ein Frachtbrief* (siehe Anlage) ausgemacht werden. Dieser gilt nur als ein BEGLEITPAPIER* für die Sendung, nicht als Verfügungspapier. Beim Verschicken kann der Absender ein Duplikat des Frachtbriefes von der Bahn beantragen, das gleichzeitig eine Empfangsbescheinigung der Bahn ist. Das Duplikat gibt ihm das Verfügungsrecht* über die verschickte Ware. Sobald der Kunde das Duplikat erhält, hat der Absender kein Verfügungsrecht* mehr über die Ware.

Der Frachtbrief ist in der Form und im Inhalt genau vorgeschrieben. Es gibt 2 Arten:

ein großes zweiblättriges Formblatt*
und ein kleines einblättriges Formblatt*

Für normale Sendungen benutzt man den kleinen Frachtbrief. Den großen Frachtbrief benutzt man, wenn man den Lieferwert angibt, wie z.B. bei Nachnahmesendungen oder wenn eine Verwaltungshandhabung, wie z. B., beim Zoll notwendig ist. Diese Frachtbriefe benutzt man für Frachtgut und für Eilgut. Bei beschleunigtem Eilgut fügt man den Zusatz: BESCHLEUNIGT hinzu.

Für Expreßgut* füllt man eine Expreßgutkarte aus. Zahlt der Absender die Ware, so erhält der Frachtbrief oder die Expreßgutkarte den Vermerk: FREI, wenn nicht: UNFREI. Expreßgut wird mit Personenzügen verschickt. Es wird durch einen Anhänger oder Klebezettel gekennzeichnet und am Expreßgutschalter der Eisenbahn aufgegeben. Als Begleitpapier für Expreßgut gilt die Expreßgutkarte, deren rechter Teil beim Versandbahnhof zurückbleibt, während der linke dem Empfänger gegeben wird. Der mittlere Teil der Karte bleibt beim Bestimmungsbahnhof.

Auch bei der Eisenbahn ist es möglich, eine Sendung per

Nachnahme zu schicken. Hierfür füllt man einen Nachnahme-
begleitschein aus. Hiermit kann man einen Betrag einziehen
lassen. Die Bahn gibt sogar bis zu DM 20,-- Vorschuß!

Für Wagenladungen benutzt man die gleichen Frachtpapiere
wie für Stückgut. Als Wagenladung werden befördert:
Mengen über 5 Tonnen, Mengen die sich wegen ihres Umfanges
nicht als Stückgut befördern lassen.

Solche Wagenladungen müssen vom Absender selbst geladen
werden. Auch hierbei unterscheidet man zwischen Frachtgut,
Eilgut, und beschleunigtem Eilgut, je nach Geschwindigkeit, mit der die Ware befördert werden soll.

Verschickt man Waren durch einen Spediteur, so kann man
erheblich an Versandkosten sparen, denn der Spediteur kann
eine Sammelladung zusammenstellen und dadurch in den Genuß
einer Wagenladung kommen.

Bahnbehälter ermöglichen es, Verpackungskosten zu sparen.
Auch können diese Behälter von Haus zu Haus geliefert
werden. Verschiedene Größen dieser Behälter erleichtern
den Versand.

Wenn man sich gegen Schadenersatz wegen ·verspäteter
Lieferung schützen will, so füllt man im Frachtbrief den
Wert der Lieferung aus. Damit übernimmt die Bundesbahn die
Haft für etwaige Verspätung.

Will man die Güter vom Zustellbahnhof abholen lassen, so
sendet man die Waren: BAHNLAGERND. Ohne diesen Zusatz
stellt die Bahn die Güter einem Vertragsspediteur oder
ihrer eigenen Spedition zu und der Empfänger zahlt ein
Rollgeld für den Transport.

Güterverkehr mit dem Lastwagen.

Private Transportunternehmer und die Bundesbahn teilen
sich den Güterverkehr mit dem Kraftwagen. Hierbei
unterscheidet man zwischen:

Werkverkehr
Güternahverkehr
Güterfernverkehr

Der Werkverkehr* wird von betriebseigenen Fahrzeugen
ausgeführt. Er ist genehmigungsfrei und ermöglicht eine

63

prompte Bedienung des Kunden, besonders im Nahverkehr. Die
Versandtechnik durch Kraftwagen ist weitgehend denen der
Bundesbahn angeglichen. Ein Lieferschein und/oder eine
Ladeliste müssen die Sendung begleiten. Oft sind auch
Frachtbriefe in doppelter Ausführung angebracht.

Unter Güternahverkehr* versteht man den Güterverkehr im
Umkreis von 50 km. Ein solches Geschäft bedarf einer
Genehmigung. Güter können nur mit einem Autofrachtbrief
befördert werden. Die Bezahlung wird durch den Kraftwagen-
tarif kontrolliert. Die Konkurrenz besteht also nur im
Service.

Für den Fernverkehr* vergeben Spediteure die Aufträge.
Eine Ladung kann nur gegen Bescheinigung abgeladen werden.

Güterverkehr mit der Binnenschiffahrt.

Beim Versand mit Schiffen gibt es kein geregeltes
Tarifwesen, wie z. B. beim Güternahverkehr mit dem LKW. Bei
der Binnenschiffahrt kommen die verschiedenen Wasserwege
und Jahreszeiten zur Geltung. Man unterscheidet auch hier
zwischen:

> Stückgut
> Raumladung (ein Teil des Schiffes)
> Charter (das gesamte Schiff)

Güter werden entweder an Bord oder bei der Gesellschaft
angeliefert. Sollte der Versender bis zu 6 Stunden vor der
Abreise des Schifffes von seinem Vertrag zurücktreten, so
kostet ihn dies ein Drittel des ausgemachten Frachtprei-
ses. Unter 6 Stunden muß er die gesamte Summe bezahlen.
Jede Sendung wird, wie bei der Eisenbahn, von einem
Frachtbrief begleitet. Wie bei der Eisenbahn, kann der
Ladeschein (=Frachtbrief) verlangt werden. Bei der
Binnenschiffahrt ist der Ladeschein ein VERFÜGUNGSPAPIER.
Wer im Besitz eines solchen Scheines ist, kann bereits vor
der Ankunft der Ware über sie verfügen.

Ein Ladeschein enthält folgende Informationen:

> Ort und Datum der Ausstellung
> Namen und Anschrift der Fracht-
> gesellschaft
> Namen des Absenders

Namen des Adressaten
Lieferort
Beschreibung der Ware
Zahlungsbedingungen
Unterschrift der Frachtgesellschaft.

Güterverkehr mit dem Flugzeug.

Über den Güterverkehr mit dem Flugzeug in Deutschland ist nicht sehr viel zu sagen, außer, daß man auch hierfür einen Frachtbrief ausmacht. Die meiste Korrespondenz, wenn überhaupt welche vorliegt, geht mit Formularen vor sich. In Deutschland lohnt es sich auf Grund des geringen Volumens kaum, über den innerdeutschen Güterverkehr mit dem Flugzeug zu sprechen. Deutschland ist zu klein, um ein lohnendes Geschäft zu erwarten. Auch hat die DEUTSCHE LUFTHANSA keine Konkurrenz im innerdeutschen Luftverkehr. Vielleicht sollte hier erwähnt werden, daß es der LUFTHANSA seit dem 2. Weltkrieg auf Grund des Viermächte-abkommens nicht erlaubt ist, nach Berlin zu fliegen. Auf diesem Netz fliegen nur BA, TWA, AIR FRANCE und PAN AM.

V O K A B E L N

Adreßkarte,f	- address label
Anhänger,m	- tag
Auftragschein,m	- order form
Autofrachtbrief,m	- bill of lading
Bahnbehälter,m	- railroad container
bahnlagernd	- for collection
Begleitpapier,n	- way bill
Begleitschein,m	- way bill
Beförderungsvertrag.m	- shipping contract
Binnenschiffahrt,f	- inland shipping
Eilgut,n	- express goods
Expreßgut,n	- fast freight
Flugzeug,n	- air plane
Frachtbrief,m	- bill of lading
Frachtgesellschaft,f	- shipper
Frachtgut,n	- freight
genehmigungsfrei	- without permit

Güterfernverkehr,m	- long distance (truck)
Güternahverkehr,m	- local trucking
Güterverkehr,m	- goods traffic
Haft,f	- liability
Klebezettel,m	- label
Kraftwagentarif,m	- tarif for trucking
Ladeliste,f	- bill of lading
Massenverkehr,m	- mass transportation
Nachnahmeexpreßgut,n	- c.o.d. by express
Nahverkehr,m	- local trucking
Päckchen,n	- small parcel
Paket,n	- package
Paketaufschrift,f	- address of a package
Paketkarte,f	- package form
Postgebühr,f	- postal rates
Postgut,n	- parcel post
Postgutkarte,f	- parcel post form
Postgutsendung,f	- shipping parcel post
Raumladung,f	- affreightment
Rollgeld,n	- drayage, haulage
Sammelladung,f	- consolidated shipment
Schiffahrt,f	- shipping (boat)
Spediteur,m	- shipper, carrier
Stückgut,n	- piece goods
Tarifwesen,n	- tarif system
Transportmittel,n	- means of transport
Transportunternehmen,n	- shipper, carrier

WHEN THE BUYER WANTS TO CHANGE AN OFFER THE OFFER HAS TO BE
RE-NEGOTIATED, FOR THE SELLER IS NO LONGER COMMITTED TO THE
OLD OFFER.

Schwierigkeiten im Geschäftsablauf.

Ein normaler Geschäftsablauf wird in dem Augenblick
unterbrochen, in dem Änderungen von der Seite des Kunden
stattfinden. Solche Änderungen können die Ware selbst
betreffen, Quantität, Qualität oder die äussere Verpackung. Auch kann es sich um Preisänderungen* oder
Lieferungsbedingungen*, etc. handeln, die den Anlaß zu
Änderungswünschen geben. Dieser Vorgang macht das erste
Angebot ungültig und das Gegenangebot muß nun vom Lieferer
akzeptiert oder abgelehnt werden. Diesen Vorgang nennt man
die Änderung eines Angebotes.

Was soll eine Änderung des Angebotes enthalten?

a. Einen Dank für das 1. Angebot und eine
Begründung für die Bitte um Änderung.

b. Eine Möglichkeit einer Gegenleistung oder einer
zusätzlichen Bestellung andeuten.

Was soll die Antwort auf eine Angebotsänderung enthal-
ten?

a. Einen Dank für die Bitte um Änderung.

b. Eine Entscheidung.

c. Die Bitte um einen Auftrag.

Es ist wichtig, daß man sich eine Ablehnung* eines
Auftrages genau überlegt. Man darf auf keinen Fall
vergessen, Bedauern auszudrücken, daß der Auftrag nicht
mehr akzeptiert werden kann. Daher muß die Ablehnung gut
begründet werden. Ein Gegenangebot macht immer einen guten
Eindruck, zeigt guten Willen dem Kunden gegenüber. EIN
GUTER KUNDE IST LEICHT VERSTIMMT!

NOTIZEN:

UNDER CERTAIN CONDITIONS AN ORDER DOES <u>NOT</u> HAVE TO BE
ACCEPTED BY THE SELLER

<u>Ablehnung</u> eines <u>Auftrages</u>

Es kommt vor, daß ein Auftrag* von einem Lieferer aus
irgendwelchen Gründen nicht angenommen werden kann. Das
ist nichts Ungewöhnliches. Jedoch m u ß der Lieferer den
Besteller innerhalb der handelsüblichen Annahmefrist*
davon unterrichten, sonst ist er verpflichtet zu
liefern, selbst wenn das bedeutet, daß er an der Lieferung
einen Verlust erleidet. Folgende Gründe gelten für eine
Ablehnung* eines Auftrages:

    a. Der Kunde hat zu spät bestellt.
    b. Eine Bestellung erfolgte ohne ein aus-
       drückliches Angebot.
    c. Das Angebot wurde ohne Erlaubnis vom Kunden
       geändert.
    d. Das Angebot war ausdrücklich als FREIBLEI-
       BEND ausgeschrieben.

    Was soll eine Ablehnung enthalten?

    a. Einen Dank für die Bestellung
    b. Ein Bedauern für die Ablehnung des Auftra-
       ges.
    c. Eine Begründung für die Ablehnung.
    d. Ein Gegenangebot.

V O K A B E L N

ablehnen	- refuse, to
Ablehnung, f	- refusal
Änderungswunsch, m	- desired change
Annahmefrist, f	- term of acceptance; days
	- of grace
Begründung, f	- foundation; reason
frei bleibend	- without obligation; subject
	- to change

Gegenangebot,n   - counter offer
Gegenleistung,f   - equivalent service offer

Preisänderung,f   - price change

Ü B U N G E N

Request for change of an offer:

1. Herrn Richard Meyers, Weltweit Import-Export GmbH., Einfuhrallee 123, 6729 Bellheim. Thank you for your letter of February 12,19.. requesting the following changes to our offer of Jan. 25, 19.. : Terms of Payment 2 % discount within 7 days of delivery. Terms of delivery: within 10 days of receipt of order. Price is agreed upon at a rate of DM 12.-- per vase; 100 vases; Total price DM 2.000,-- . We are ready to meet the terms described above and hope to be recipient of your order soon.

2. Deutsche Goldschmiede, AG. Kupfergasse 22-27, 2419 Göldenitz. Thank you for your letter of Sept.5, 19.., regarding our offer for 100 gold rings. We are unable to comply with the changes as described in your letter. The price of rings must remain fixed at DM 2.879,-- per ring due to the fixed production cost. We have already offered you the lowest possible price per ring. We are sure you will be happy with the quality of the goods and hope you will decide to still place an order with us.

3. Firma Hermann Tipper KG., 47 Maschinengasse, 2732 Tiste. Thank you very much for your order from Jan 14,19.. for 100 typewriters. I must, however inform you that our production has stopped due to a fire in our warehouse, and we will be unable to fulfill your order at the present time. Our production will resume next month and we will be happy to fill your order at that time, and we will make you a special offer for being so patient with us.

4. Walter Ganspflaum, 555 Kissenstr., 2246 Fedderingen. Thank you for your order of May 22,19.. . We regretfully decline to fulfill the order at this moment due to the delay in receiving it. Our offer of 1,000 first quality pillows DM 49,-- each, was good only until the end of April. We are unable to continue this offer during the month of June, and the price is once again DM 67,-- each until the end of the year.

70

SOMETIMES AN OFFER HAS BEEN MADE, AND THERE IS NO ORDER IN
RETURN. HOW DOES ONE FOLLOW-UP?

Unbeantwortetes Angebot

Leider bringt nicht jedes Angebot den gewünschten Auftrag!
Es wäre aber falsch, sich mit keiner Antwort sofort
abzugeben. Der Verkäufer möchte herausfinden, warum er
keine Antwort auf sein Angebot erhalten hat. Daher verfaßt
er einen neuen Brief, in dem er den Kunden bittet, ihm
mitzuteilen, warum er nicht auf das gemachte Angebot
eingegangen ist. Gleichzeitig versichert der Lieferer dem
Kunden, ihm im Rahmen des Möglichen, entgegenzukommen.

Was soll ein solcher Brief enthalten?

a. Einen Verweis auf das verlangte oder unver-
   langte Angebot.

b. Eine Bitte um Erklärung, warum keine Bestellung erfolgt ist.

c. Eine erneute Einladung zum Kauf.

Ü B U N G E N

Follow-up of an offer without response:

1. I am writing in reference to my letter of Nov. 29, 19..
regarding an offer I made for cleanser. I have not received
a reply from you eventhough the letter had been written 3
weeks ago. I would like to know if you are still interested
in receiving the cleanser at DM 54,-- (regular price DM 62,-
-) per case. The offer is good only until the end of
December. We have always appreciated your business.

2. This letter is regarding our first offer from July 9,
19.. . We have not received any reply from our offer to sell
Kitchen Clocks in any quantity for the price of DM 98,-- (a
20 % discount). We repeat our offer, and hope to be hearing
from you soon. If there is anything we can do to make your
purchase easier, please do not hesitate to contact us.

Firma
Reifenbrau GmbH.
Herrenhauser Straße 21-27a

6118 Offenbach am Main 1

AP/bj   16.2.19..   HM/pw   Frankfurt, den 22.2.19..

Betr.: Mein Angebot vom 10.2.19..   W I C H T I G

Sehr geehrter Herr Magerheit!

Am 10.2.19.. machten wir Ihnen ein Sonderangebot über
HONEYWELL Klimaanlagen mit elektronischer Luftreinigung
zum Sonderpreis von DM 7.9654,57 inklusive Versandkosten
und Verpackung. Die Versicherungskosten und der Einbau
mußten von Ihnen übernommen werden.

Wir haben bisher von Ihnen keine Antwort auf unser sehr
günstiges Angebot erhalten. Als alten Kunden bitten wir
Sie, uns doch mitzuteilen, warum dies bisher nicht
geschehen ist.

Wenn wir Ihnen bei Ihrer Entscheidung irgendwie behilflich
sein können, würden wir uns freuen, von Ihnen zu hören.

Mit freundlichen Grüßen

Heinz Jochen Malmberg
Prokurist
Janje Broggens K. G.

AT WHAT POINT, IF AT ALL, CAN AN ORDER STILL BE LEGALLY RECALLED?

Widerruf einer Bestellung

Manchmal ist eine Zurücknahme oder ein Widerruf* eines Auftrages oder einer Bestellung nicht zu vermeiden.

Das Gesetz (HGB) sagt, daß ein Auftrag nur dann widerrufen werden kann, wenn der Widerruf vor der Bestellung eintrifft. Das bedeutet, daß der Widerruf entweder per Eilbrief, Telegramm oder Telefon erfolgen muß. Um jedoch Kunden zu erhalten, ist es im Geschäftsleben oft üblich, Zurücknahmen auch später anzunehmen.

In den meisten Fällen wird der Widerruf nur abgelehnt, wenn der Auftrag bereits zur Weiterverarbeitung weitergegeben worden ist. In dem Falle wird der Auftrag zwar angehalten, aber der Kunde muß die bereits entstandenen Kosten plus einem negotiierbaren Verdienst tragen.

Bei einem Widerruf wird man die Gründe hierfür sehr genau angeben und sich für den Fehler entschuldigen. Man stellt möglichst einen neuen Auftrag in Aussicht. Bei telefonischen oder telegrafischen Widerrufen wird der Widerruf schriftlich nachgeliefert!

Was soll ein Widerruf enthalten?

a. Bezugnahme auf den vorangegangen Auftrag.
b. Inhalt des Eilbriefes, Telegramms, etc., das zum Widerruf führte.
c. Die Möglichkeit eines anderen Auftrages ausdrücken.

Ü B U N G E N

Recall of an order:

1. Firma Eisen & Stahl KG., Blechweg 111, 6719 Eisenberg/Pfalz. I am sorry to inform you that our order of June 11,19.. for 12 000 steel plates, size 11 for DM 9,99

73

each, must be cancelled. We are no longer able to store the plates because our warehouse was damaged by fire two days ago, and we are in the process of repair. As soon as the work is finished we would like to renew this order with you. We sincerely hope you will accept this cancellation.

2. Glasschmiede Walzwald AG., Fenstergasse 333, 6246 Glashütten/Taunus. This letter is to inform you that our order for 12 sheets of glass at the price of DM 1 000,-- each, must be cancelled. The reason for this cancellation is that our workers have declared a strike which is to last indefinitely. At the earliest possible moment you will be in receipt of an order from us. We do very much appreciate your understanding.

SOMETIMES IT IS NECESSARY TO FILE A COMPLAINT FOR DAMAGES, ETC. WITH THE SELLER. UNDER GERMAN BUSINESS LAW CERTAIN RULES SHOULD BE FOLLOWED.

Beanstandungen

Sobald der Kunde eine Ware erhält, sollte er sie genau prüfen, d. h., er sollte die Ware auf Qualität, Quantität, Aufmachung etc., sehr genau mit der Bestellung verglei-chen. Es macht sich daher sehr bezahlt, einen sehr peniblen Lagerhausleiter zu haben. Die Mängel müssen sofort dem Lieferer gemeldet werden, besonders, wenn auf der Rechnung oder dem Lieferschein hierfür eine Frist gegeben wird. Unter Umständen ist es nötig, einen Zeugen oder Sachverständigen herbeizurufen.

Eine Beanstandung* ist in jedem Fall eine unangenehme Sache. Der Kunde wird immer verärgert sein. Die Frage nach wer hatte die Schuld im Sinne der Versicherung ist nie angenehm. Es muß aber sehr darauf geachtet werden, daß der Ärger nicht aus dem Brief ersichtlich ist. Daher ist es ratsam, nicht nur das Negative, sondern auch das Positive in einer Beanstandung zu erwähnen, wie z. B., den nicht beanstandeten Teil der Lieferung.

Eine Mangelerscheinung* muß daher in einer sachlichen, kühlen, höflichen, überlegten und nicht unbegründeten Weise verfaßt werden. Als Endresultat einer Beanstandung soll eine befriedigende Einigung zustande kommen!

Bei einer Beanstandung kann der Kunde folgendes verlangen:

  a. Er kann eine Wandlung verlangen, d. h., er
     kann entweder vom Kauf zurücktreten, einen
     Umtausch beanspruchen, eine Ersatzleistung
     fordern.
  b. Er kann einen Preisnachlaß fordern (Minde-
     rung*).
  c. Er kann einen Schadenersatz fordern.

Welche dieser Punkte der Kunde verlangen wird, kommt auf
den Kaufvertrag und auf die Umstände an, unter denen der
Kauf gemacht wurde und nicht zuletzt, ob dem Kunden dadurch
ein Schaden entstanden ist.

Bei manchen Waren lassen sich Mängel oder Fehler nicht
sofort feststellen. Sie sollen aber sofort nach der
Entdeckung dem Lieferer mitgeteilt werden. Die zeitliche
Grenze* hierfür liegt bei 6 MONATEN.

Es ist ratsam, die Ware nicht sofort ohne Benachrichtigung
des Lieferers zurückzusenden, sondern dessen Anweisungen
abzuwarten. Auch ist es angebracht, nicht sofort bei dem
Lieferer auf sein RECHT zu pochen, sondern erst einmal die
Reaktion des Lieferers abzuwarten und dann entsprechende
Schritte zu unternehmen.

Erhält der Lieferer eine Beanstandung, so wird er diese
genau untersuchen. Ist die Beanstandung berechtigt, so
teilt er dem Kunden den Grund für die Beanstandung mit und
entschuldigt sich.

In den meisten Fällen wird der Lieferer auf den von dem
Kunden gemachten Vorschlag eingehen oder einen Gegenvor-
schlag machen. Sollte es sich zeigen, daß die Beanstandung
nicht berechtigt war, so wird der Lieferer die Beanstandung
höflich zurückweisen und seine Begründung für diese
Zurückweisung mitteilen.

Was soll eine Beanstandung enthalten?

  a. Die Bestätigung des Eingangs der Ware und
     eine Bedauerung über festgestellte Mängel.
  b. Eine genaue Beschreibung der Beanstandung.
  c. Eine Bitte, Vorschläge des Lieferers zu

akzeptieren oder einen Hinweis, daß der
Käufer sein Recht geltend machen wird.

Was soll eine Antwort auf eine Beanstandung enthalten?

a. Eine Notiz darüber, daß die Beanstandung
   geprüft wird.
b. Die Beanstandung anerkennen oder die Ein-
   wände richtig stellen.
c. Den Vorschlag des Kunden annehmen oder einen
   neuen Vorschlag machen.
d. Wenn nötig, eine Entschuldigung hinzufügen.

Ü B U N G E N

Complaint about damaged goods:

1. Firma Walter Baumayer, Herrenhutgraben 1, 5541
Oberlauch. Thank you for sending us order # 1459, dated
August 5,19.. . We have just finished unpacking the 4 000
pieces of china, and we have to report that 15 small
saucers, 4 cups, and 7 soup bowls are broken. Please advise
us what to do with them. We are asking you to immediately
replace the broken pieces. We are under contractual
commitment, and need the pieces not later than September 9,
19.. . We are looking for your reply. If you cannot agree
with our suggestion please make a counter proposal.

2. Eleketro AG., Stromweg 4, 6000 Frankfurt am Main 70. We
acknowledge the receipt of one black 30 000 KW steam
turbine. We have finally finished the installation of the
equipment. Unfortunately, we have to report that we have
not yet found a way to make the turbine work. We feel the
equipment has been damaged in transit. We would therefore
like to have one of your engineers visit with us, and make an
assessment of the situation. Hopefully that will bring the
transaction to a satisfactory conclusion.

Einschreiben

Hartmann und Massta A.G.
Hermann Hesse Allee 99

3417 Bodenfelde a. d. Weser

--   --   WS/pi   Wiesbaden, den 19.9.19..

Betr.: Ihre Lieferung vom 16. 9. 19..

Sehr geehrter Herr Hartmann!

Wir bestätigen den Eingang Ihrer Lieferung von 785
langstieligen Weißweingläsern.

Leider müssen wir Ihnen jedoch mitteilen, daß 89 der Gläser
beim Auspacken zerbrochen waren. Ihr Fahrer, Herr
Mitternacht war so freundlich, trotz der späten Stunde, dem
Auspacken beizuwohnen.

Wir möchten Sie bitten, die zerbrochenen Gläser so schnell
wie möglich zu ersetzen, weil wir unsererseits zeitliche
Verpflichtungen mit dieser Ware haben.

Wir hoffen, Sie werden sich mit unserem Vorschlag
einverstanden erklären.

Hochachtungsvoll

Werner Sorgenkind
Restaurantversorgungsstätte K.G.

NOTIZEN:

THE DELAYED DELIVERY GENERALLY POSES A LEGAL QUESTION: DOES
ONE HAVE TO ACCEPT SUCH A DELIVERY? ALSO, WHAT DOES DELAYED
MEAN?

Lieferungsverzug

Wenn ein Kunde eine Ware bestellt, so hat er gewöhnlich
keinen genauen Termin für die Lieferung festgelegt,
sondern bestellt sie "PER SOFORT".Kommt die Lieferung
nicht in "handelsüblicher Zeit" an, so mahnt der Kunde.
Durch diese Mahnung kommt der Lieferer in Lieferungsverzug*.

Diese Erinnerung an den Lieferer nennt man juristisch:

1. Mahnung.

Für den Käufer ergeben sich durch einen solchen
Lieferungsverzug neue rechtliche Verhältnisse. Der Käufer
kann:

1. Die Erfüllung der Leistung verlangen und
   außerdem auch einen Schadenersatz* wegen
   verspäteter Lieferung (BGB § 286) beantragen.
2. Vom Kaufvertrag zurücktreten oder einen
   Schadenersatz wegen Nichterfüllung des Auftrages verlangen.
3. Eine Nachfrist* geben. Ist die Nachfrist
   nicht angemessen, so tritt von selbst eine
   angemessene Nachfrist ein. Die Nachfrist
   kann bereits mit der Mahnung gesetzt werden
   (BGB § 326).

Eine Nachfrist braucht jedoch nicht gesetzt zu werden
wenn:

I.   Der Lieferer erklärt, er wolle nicht
     liefern.
II. Der Käufer kein Interesse mehr an der
     Lieferung hat.
III. Wenn ein Fixgeschäft vorliegt.

79

Was soll ein Lieferungsverzug enthalten?

   a. Eine Notiz über den Auftrag und die Angabe
      des Lieferungstermins.
   b. Eine Begründung, warum die Ware dringend
      benötigt wird.
   c. Eine Nachfrist mit der Bitte um Lieferung.
   d. Einen Hinweis auf das Recht des Kunden,
      falls die Nachfrist nicht eingehalten wird.

Ü B U N G E N

Delayed delivery:

1. Telekommunikations AG., Mastweg 46, 5561 Tellig. On October 16, 19.. we ordered from you 9 telecommunication towers as per our specification. You have accepted that order for DM 198 000,--. The delivery date was November 14, 19.. For the last 10 working days you have delayed the delivery. Since we are under contract for construction we insist on immediate delivery no later than November 27,19.. If we do not hear from you we will take the appropriate legal steps.

2. Firma Lagerbau OHG., Schuppengraben 1, 5531 Weissburg. You accepted our order # 838383 or 5 pre-build metal warehouses as per our specification for DM 990 000,-- . The houses were to be delivered July 1,19.. . Today, July 10, 19.. I have not heard from you. Please deliver those houses no later than July 14, 19.. for we have made arrangements for the use of those warehouses. If you do not supply us at that time we will turn the matter over to our corporate lawyer.

THERE IS A CERTAIN WAY TO WRITE A CONTRACT CALLED:
"FIXGESCHÄFT". EVERY BUSINESSMAN OUGHT TO KNOW WHAT
EXACTLY THAT MEANS.

Das Fixgeschäft

Ein Fixgeschäft* ist ein Geschäft, bei dem der Kunde eine
Ware zu einer bestimmten Zeit benötigt. Eine spätere
Lieferung ist für den Kunden uninteressant. Wenn die Ware
nicht zur angegebenen Zeit eintrifft, so ist der Lieferer
automatisch in VERZUG*.

Beim Verzug in einem Fixgeschäft kann der Käufer von seinem
Kaufvertrag zurücktreten, d.h., auf die Lieferung
verzichten, ja er kann sogar einen Schadenersatz fordern,
was meistens schon im Vertrag festliegt.

Sollte der Käufer die Ware jedoch noch nach dem
ausgemachten Termin wollen, muß der Käufer den Lieferer
umgehend davon unterrichten. Tut er dies nicht, so hat er
kein Recht mehr auf die Lieferung.

Der Käufer braucht keine Nachfrist zu geben. Von welchem
Recht der Käufer Gebrauch macht, liegt an der Art des
Vertrages oder auch an der Marktlage.

Manche Verträge enthalten von vorn herein eine Klausel
über eine Vertragsstrafe (Konventionalstrafe*). Hierin
verpflichtet sich der Lieferer bereits im Vertrag bei
Nichterfüllung (BGB §339) eine vereinbarte Geldsumme zu
zahlen. Sollte die Summe unverhältnismäßig hoch sein, so
kann diese von einem Gericht verringert werden, es sei
denn, dieser Betrag ist nicht schon einer dritten Person
versprochen worden.

Bei einem Fixgeschäft gibt es keine "Höhere Gewalt", d.h.,
ein eingeschlagener Bitz, ein Unfall auf dem Weg zur
Lieferung, eine Lawine oder ein Erdbeben, etc., gelten hier
nicht als eine Entschuldigung für Nichtlieferung. Nur
große Geldgier veranlaßt viele Leute auf einen solchen
Vertrag einzugehen, denn viele dieser Verträge bezahlen
ein Mehrfaches des regulären Preises. Auf der anderen Seite
sehe man sich die Strafklausel in einem solchen Vertrag gut
an und entscheide, ob man mit ihr "leben kann".

Was soll eine Fixbestellung enthalten?

a. Die Bestellung selbst.
b. Eine genaue Terminangabe und Grund für die Terminangabe.
c. Eine Bitte um Annahme der Bestellung.
d. Einen Hinweis, daß dies eine Fixbestellung ist. Also, das Wort Fixbestellung muß in dem Vertrag enthalten sein.

Was soll ein Lieferungsverzug bei einem Fixgeschäft enthalten?

a. Einen Hinweis auf den gemachten Fixkauf.
b. Einen Hinweis auf den nicht eingehaltenen Termin.
c. Einen Hinweis, welche Rechte geltend gemacht werden.

V O K A B E L N

abwarten	- wait,to
Beanstandung,f	- complaint
Bestätigung,f	- confirmation
Einigung,f	- agreement
Entdeckung,f	- discovery
Ersatzleistung,f	- replacement service; complaint
Fixgeschäft,n	- future transaction (fixed date)
Fixkauf,m	- fixed date purchase
Frist,f	- time limit
Gericht,n	- court
Lieferungsverzug,m	- delayed delivery
mahnen	- remind,to; warn,to
Mängel(rüge),f	- customer complaint (delivery)
Muster,n	- sample
Nachfrist,f	- new delivery date

82

Preisnachlaß,m	- discount (price)
Schadenersatz,m	- compensation
Termin,m	- date (time)
Vertragsstrafe,f	- contractual penalty
Verzug,m	- delay; default (time)
Vorschlag,m	- recommendation
Wandlung,f	- change
Widerruf,m	- recall; retraction
Zeuge,m	- witness

Ü B U N G E N

Fix-contract:

1. Metallverarbeitungs GmbH. Messingberg 1, 8354 Metten.
We are ordering from your Fall catalogue for 19... . We wish
to order 200 brass fire places,your order # 93929, DM 1
948.,-- each. We wish to have you deliver the items on
October 14, at 16:45 hrs. at our warehouse here in town.
If you agree to this FIX purchase, we would agree to a 50 %
increase of the final purchase price. You take over the
insurance and freight cost, and all other possible
additional cost. In the event there is a delay in delivery,
we will have to fine you DM 1 ooo,-- for each one hour delay.
We ask you to accept this contract for we have a prior
commitment that makes it impossible to use our own
warehouse prior to this date.

2. Firma Herbert Baumeister, Modellbauten AG., Bauallee 5,
6000 Frankfurt am Main 90. We are ordering 1 pre-fabricated
warehouse as per your catalog, item # 551. We wish to offer
the double amount of DM ..... for the building if you
accept to deliver the building before 12 noon on December
23, 19... . We are asking for this kind of a contract because
we cannot put-up this building at an earlier date. In the
event of late delivery we will charge you DM 2 500,-- for
each started hour. Please accept this Fix-contract.

Herrn
Günther Wagenrad
Puppenspäle Weg 192
3000 Hannover 1

--   --   SS/jq   Osnabrück, den 7.1.19..

Betr.: <u>Fixbestellung</u>

Lieber Herr Wagenrad!

Aus Ihrem Katalog vom Winter 19.. bestellen wir:

    2100 Kaminrohre, Größe 441d, zu je DM 175,--.

Wir benötigen diese Kaminrohre am 31.1.19.. um 17 Uhr an
unserem Lagerhaus in der Herbert Mais Straße 7, hier in
Osnabrück. Sie übernehmen die Transport- und Versicherungskosten, wir übernehmen alle anderen anfallenden
Kosten.

Wenn Sie bereit sind, diese Fixbestellung anzunehmen,
werden wir 40 % Aufschlag auf die Gesamtsumme bezahlen. Wir
bitten Sie um Annahme dieser Bestellung, weil wir auf diese
Weise ungewöhnlich hohe Lagerkosten sparen können, die bei
unserer Montage nicht einkalkuliert waren.

Wenn Sie diesen Fixauftrag akzeptieren, so müssen wir
darauf bestehen, daß Sie im Falle einer Verspätung der
Lieferung für jede angefangene Stunde eine Konventionalstrafe von DM 5.000,-- zahlen werden.

Wir sehen Ihrer baldigen Antwort entgegen.

Mit freundlichen Grüßen

S. S. Schornstein, Prokurist
Kamineinbau GmbH.

THERE ARE OCCASIONS WHEN A DELIVERY CAN AND WILL BE REFUSED
BY THE BUYER. HGB § 373/1 REGULATES THESE INSTANCES.

Die Annahmeverweigerung.

Wenn jemand die Annahme der Ware verweigert, die
auftragsgemäß geliefert wird, so gerät er in Annahmeverzug* (HGBu1). Diese Situation berechtigt den Lieferer die
Ware in einem öffentlichen Lagerhaus auf Kosten des Kunden
einzulagern, der gleichzeitig die Gefahr des Lagerns
übernimmt. Ferner kann der Verkäufer den Käufer auf Abnahme
verklagen, inklusive der entstandenen Unkosten.

BEVOR JEDOCH ALL DIES GETAN WIRD, VERGEWISSERE MAN SICH,
DAß DER GRUND FÜR DIE ANNAHMEVERWEIGERUNG NICHT BEIM
VERKÄUFER LIEGT! DAS KÖNNTE TEUER WERDEN!

Auch kann der Lieferer die Ware wieder zurücknehmen und
versuchen, die Ware anderweitig unterzubringen. Der
Lieferer wird in der Regel nicht klagen, denn er kommt durch
einen Selbsthilfeverkauf* schneller zu seinem Geld und
damit zu seinem Ziel.

Was soll ein Brief bei der Annahmeverweigerung enthalten?

    a. Eine Notiz über die Bestellung und terminge-
       rechte Lieferung.
    b. Einen Hinweis, daß der Kunde durch die Ab-
       lehnung in Annahmeverzug geraten ist.
    c. Einen Vorschlag für eine eventuelle Nach-
       frist.
    d. Einen Hinweis, daß der Verkäufer von seinem
       Recht Gebrauch machen wird.

V O K A B E L N

auftragsgemäß	- in accordance with the order
Annahmeverweigerung,f	- nonacceptance
Annahmeverzug,m	- deferred acceptance
benachrichtigen	- inform,to
Benachteiligung,f	- disadvantage

geltend machen	- apply, to
Lagerhaus, n	- warehouse
Notverkauf, m	- emergency sale
öffentlich	- public
Selbsthilfeverkauf, m	- resale; intromission
Unkosten, f	- cost
verderblich	- perishable
versteigern	- auction, to

Ü B U N G E N

Intromission:

1. Firma Mauerrest KG., Schrottstraße 3, 2241 Schrumm. This is to inform you that we tried to deliver the goods as per your order # 998-674, dated February, 19.. . We were not allowed to unload the goods at your warehouse. With this refusal you are now legally in the state of nonacceptance. We wish to give you a second chance of accepting the goods no later than March 1, 19.. . Should you still refuse to accept the shipment by that date we will refer this matter to our legal department.

2. Walter Herrenhamm, Einkauf, Magerrast GmbH. Richter-allee 946, 6553 Sobernheim. Your refusal to accept the delivery of your order # 1113 at the date required by your order puts you into "Annahmeverzug". We herewith inform you that we have stored the goods in the public warehouse closest to you. We also inform you that all cost in this matter will be charged to you. We will attempt one more delivery on Febr. 4, 19.. . After that the matter will be referred to our legal department.

Einschreiben

Herrn Direktor
Walter von der Heide
Datenprodukt OHG.
Herrenhof Weg 98

3100 Celle

NN/zp   6.6.19..   HG/hd   Flensburg, den 8.6.19..

Betr.: Annahmeverweigerung

Sehr geehrter Herr von der Heide!

Unser Auftrag # 342 vom 18. 5. 19.. über 5 AVC Computer,
lieferbar am 25. 5. 19.. , ist noch nicht bei uns
eingetroffen. Sie sind daher in Lieferverzug.

Auf Grund unserer vertraglichen Verpflichtungen sind wir
gezwungen, auf Ihrer sofortigen Lieferung zu bestehen.

Sollten wir jedoch bis zum 25.6.19.. nichts von Ihnen
hören, werden wir von unserem Recht Gebrauch machen.

Mit freundlichem Gruß

Herbert Geldhold
Friedensbank A.G.

NOTIZEN:

IN ORDER TO ELIMINATE A POSSIBLE INJUSTICE TO THE BUYER WHEN
A SELLER IS REFUSED DELIVERY AN INTROMISSION (SELBSTHIL-
FEVERKAUF) CAN TAKE PLACE.

Der Selbsthilfeverkauf.

HGB § 373/2-5 regelt den Selbsthilfeverkauf*, um eine
ungerechte Benachteiligung des Käufers zu vermeiden. Der
Verkäufer muß dem Käufer mitteilen, daß die Ware gelagert
ist, und daß sie nach einer bestimmten Frist verkauft wird.
Wenn der Käufer die Ware bis zu dem gegebenen Zeitpunkt
nicht abnimmt, so muß sie öffentlich versteigert werden.
Dies geschieht am Wohnort des Käufers und wird entweder
durch einen Makler oder einen Gerichtsvollzieher gemacht.

Sollte es von vornherein klar sein, daß die Ware nicht am
Wohnort des Käufers zu versteigern ist, so muß sie an einen
geeigneten Ort auf Kosten des Kunden geschickt werden.

Sind die Waren leicht verderblich, wie z. B., Obst, Gemüse
oder Fisch, so kann ein Verkauf sofort vorgenommen werden
(Notverkauf*). Jedoch ist auch unter diesen Umständen der
Käufer von dem Verkauf zu benachrichtigen.

Man sollte sich bewußt sein, daß der Käufer im Falle seiner
Schuld, d.h., solange er für die Erfüllung des
Kaufvertrages verantwortlich ist, für alle entstandenen
Kosten verantwortlich ist. Das ist inklusive der Differenz
des Ertrages von der Auktion zur Vertragssumme.
Kaufvertrag - Auktion + Kosten für die Lagerung, etc. =
Lasten des Käufers.

NOTIZEN:

THIS CHAPTER CONTAINS INFORMATION ON THE GERMAN SYSTEM OF
MONEY AND CREDIT.

Geld- und Kreditgeschäfte.

Bei Geldgeschäften unterscheidet man zwischen drei
verschiedenen Geldarten:

1. Metallgeld
2. Papiergeld
3. Buchgeld.

Metallgeld und Papiergeld bedürfen keiner weiteren
Erklärung an dieser Stelle.

Buchgeld*, auch Bankgeld* oder Giralgeld* genannt, ist
eigentlich nur ein Guthaben, das ein Kontoinhaber bei einem
Postscheckamt, einer Sparkasse oder einer Bank hat. Der
Kontoinhaber kann über dieses Guthaben durch einen Scheck
oder eine Überweisung verfügen. Bei einem solchen
Geldgeschäft erfolgt die Zahlung durch Umbuchungen von
einem Konto zum anderen, völlig bargeldlos.

Durch einen ÜBERWEISUNGSAUFTRAG, auch Umbuchungsauftrag
genannt, oder einen Scheck weist der Schuldner die Bank an,
dem Gläubiger einen bestimmten Betrag gutzuschreiben. Dies
geschieht, indem der Schuldner dem Gläubiger den Scheck
oder die Überweisung aushändigt. Diese Form der Zahlung
ist besonders im Großgeldverkehr sehr beliebt und wird als
Giralgeld bezeichnet.

Geldsurrogate* oder Geldersatzmittel* sind Schecks oder
Wechsel, die im Geldgeschäft die Funktion des Geldes
ausüben.

V O K A B E L N

bargeldlos	- without cash
Geldersatzmittel,n	- bookkeeping money; - without ready money
Geldgeschäft, n	- monetary transaction
Geldsurrogat,n	- representative money
Girobank,f	- clearing bank
Girokonto,n	- checking account

91

Gläubiger,m	- creditor
Guthaben,n	- credit balance (+)
gutschreiben	- credit,to
Kontoinhaber,m	- holder of an account
Kreditgeschäft,n	- credit transaction
Scheck,m	- check
Schuldner,m	- debtor
Sparkasse,f	- savings bank
Überweisung,f	- transfer; remittance
Überweisungsauftrag,m	- transfer order (funds)
Umbuchung,.f	- cross entry
Zahlung,f	- payment

THERE ARE MORE PAYMENTS IN CASH THAN ONE MIGHT EXPECT, ESPECIALLY IN THE RETAIL BUSINESS. THE POSTOFFICE ALSO DEALS A LOT IN SMALL CASH PAYMENTS AND CASH TRANSFERS.

Die Barzahlung.

In einem Kaufvertrag ist der Erfüllungsort für beide Teile fast immer der Wohnsitz des Lieferers. Bei ihm muß der Rechnungsbetrag am Fälligkeitsdatum eintreffen. Beim sogenannten gesetzlichen Erfüllungsort langt es, wenn der Schuldner den Betrag am Fälligkeitstag abschickt. Die Kosten der Übermittlung des Geldbetrages sind vom Schuldner zu tragen. SCHULDEN SIND IN DEUTSCHLAND NÄMLICH B R I N G S C H U L D E N!

Barzahlung kommt hin und wieder vor. Für diese Zahlung erhält der Schuldner eine Quittung. Die Quittung ist ein wichtiges Beweismittel. Sie sollte folgende Punkte enthalten:

> das Datum, Ort
> den Namen des Zahlers
> den Betrag
> Unterschrift des Empfängers
> und des
> Zahlenden.

Eine Zahlung mit Wertbrief kommt selten vor, denn sie ist zu unpraktisch und teuer.

Durch eine Postanweisung* können Beträge bis zu DM 1 000,-- überwiesen werden. Der Schuldner muß den Betrag am Postschalter einzahlen. Der Betrag wird durch einen sogenannten Geldbriefträger zu der "Adresse" in bar gebracht. Auch kann der gleiche Vorgang von Konto zu Konto durch ein Postscheckkonto vor sich gehen, ohne einen Briefträger in Anspruch zu nehmen.

Hierfür schreibt man eine rosarote Postanweisung aus. Sie besteht aus drei Teilen. Den linken erhält der Adressat. Auf der Rückseite kann man eine sehr kurze Nachricht schreiben.

Der mittlere Teil bleibt beim Postamt des Empfängers, während der linke Teil der Beleg des Einzahlenden ist.

Der Grund für diese genaue Beschreibung ist, weil fast alle Postformulare genauso aufgeteilt sind. Postformulare sind selbsterklärlich. Sie können von jedem ausgefüllt werden.

Telegrafische Geldanweisungen durch die Post können in unbegrenzter Summe gemacht werden. Der Empfänger bekommt den Betrag ins Haus gebracht.

Der Vordruck für telegrafische Postanweisungen* ist wieder auf dem gleichen System aufgebaut.

Ein großer Teil des Barzahlungsverkehrs geht in Läden vor sich. Man kauft einen Artikel und bezahlt den entsprechenden Preis dafür. Man erhält als Gegenleistung nicht nur die Ware, sondern auch eine Quittung, auf der der Name der Firma, der gezahlte Betrag, das Datum, und oft auch die Inventarnummer des gekauften Artikels stehen.

Diese Quittung ist gleichzeitig auch ein Beweis für den gemachten Einkauf, falls ein Artikel unter Garantie ist, und sie benutzt werden muß. Gleichzeitig ermöglicht eine solche Quittung auch das Umtauschrecht. Es ist erstaunlich, wie hoch der Prozentsatz der Barzahlung verglichen mit allen Verkäufen ist.

V O K A B E L N

Barzahlung,f	- cash payment
Fälligkeitsdatum,n	- date due

Fälschung, f	- forgery
Postanweisung, f	- money order
Rechnungsbetrag, m	- invoiced amount
Rückseite, f	- back side
selbsterklärlich	- self explanatory
unkompliziert	- uncomplicated
Vordruck, m	- form
Zahlungsgrund, m	- reason for payment

THE CHECKING SYSTEM WITH THE POSTAL SERVICE IS RATHER INTERESTING IN THAT IT COMPETES VERY MUCH WITH THE COMMERCIAL BANKING SYSTEM.

Der Postscheckverkehr.

Es ist für den Kaufmann, der häufige kleinere Zahlungen leistet, empfehlenswert, einen Antrag auf ein Postscheckkonto zu stellen, denn der Postscheckverkehr* ist billig und unkompliziert.

Dieser Antrag ist ein besonderer Vordruck, mit dem gleichzeitig die für den Postscheckverkehr nötigen Vordrucke bestellt werden. Diese werden von der Post mit Nummernaufdruck zum Selbstkostenpreis geliefert. Zusammen mit dem Antrag zahlt man den Betrag von DM 5,--, der nicht vom Konto abgehoben werden kann. Im Postscheckverkehr werden folgende Formulare im allgemeinen benötigt:

Schecks
Überweisungen
grüne Ersatzüberweisungen
gelbe Ersatzüberweisungen
graue Ersatzüberweisungen
(Zahlscheine)
Sammelüberweisungen
Zahlkarten für Zahlungen auf
das eigene
Konto
gelbe Briefumschläge.

94

Einige dieser Formulare werden in Heften geliefert. Die Post teilt dem Kontoinhaber, seine Kontonummer mit und versieht die Formulare entsprechend mit Namen, Nummern, etc.

Bei jeder Veränderung des Kontos erhält der Postscheckinhaber einen Kontenauszug. Aus ihm kann der Tag der Buchung, der Guthabenübertrag, die Gutschrift, die Lastschrift, die Buchungsgebühr und der neue Saldo ersehen werden.

Alle Lastschriften erscheinen auf dem Kontoauszug in roter Farbe.
Ein Verzeichnis der Postscheckteilnehmer erleichtert den Postscheckverkehr und ist bei der Post erhältlich. Aus diesem Verzeichnis lassen sich die Namen, Kontonummern und Anschriften der Teilnehmer ersehen.

Bei der Korrespondenz mit dem Postscheckamt oder zum Übersenden von Schecks und Überweisungen werden die von der Post vorgeschriebenen gelben Briefumschläge benutzt, die von der Post gebührenfrei befördert werden.

Die Postscheckübeweisung ist wohl das meist benutzte Formular. Durch sie überweist man Geld von einem Konto zum anderen. Wie viele der Postformulare, so besteht die Postscheckübeweisung aus drei Teilen, die vom Absender ausgefüllt wird. Beim Postscheckamt wird der Betrag vom Konto abgebucht und der rechte Teil der Überweisung wird dem Aussteller mit dem Tagesauszug zugesandt. Dieser Teil wird Lastschriftzettel genannt.

Der restliche Teil der Überweisung wird an das Postamt des Empfängers gesandt. Hier wird der Betrag dem Empfänger gutgeschrieben, und der linke Teil der Überweisung mit dessen Tagesauszug zugesandt. Dieser linke Teil wird der Gutschriftabschnitt genannt.

Dieses System erfordert sehr sorgfältiges quittieren für Eingänge sowohl beim Zahlungsempfänger als auch beim Zahlenden!

Der Buchungsvorgang bei der Post dauert im allgemeinen nicht länger als 3 Tage!

Es ist üblich, beim Rechnungsschreiben eine vorgedruckte Zahlkarte auf das eigene Konto der Rechnung beizulegen, um dem Kunden den Vorgang zu erleichtern. Diese Zahlkarte wird von Kunden benutzt, die kein eigenes Postscheckkonto

besitzen und den Barbetrag beim Postscheckschalter
einzahlen müssen.

Durch das Postscheckamt, wie auch bei Banken, können
Daueraufträge für immerwiederkehrende Zahlungen gemacht
werden.

Normalerweise sind Postschecks nicht gegen Bargeld
einlösbar. Ein Postbarscheck jedoch, entspricht einem
Bankscheck. Mit ihm kann man eine bestimmte Summe in bar
ausgezahlt bekommen. Postscheckgebühren findet man im
Postgebührenheft, das auf jedem Postamt erhältlich ist.

V O K A B E L N

Antrag,m	- application
Buchung,f	- posting (bookkeeping)
Buchungsgebühr,f	- service charge (for posting)
empfehlenswert	- recommendable
Guthabenübertrag,m	- credit entry
Heft,n	- booklet
Kontoauszug,m	- statement
Lastschrift,f	- debit entry; debit note
Postscheckverkehr,m	- postal checking service
Saldo,m	- balance
Sammelüberweisung,f	- compound transfer (money)
Selbstkostenpreis,m	- price at cost
Teilnehmer,m	- participant
Überweisung,f	- transfer (money)
Veränderung,f	- change (accounting)
Verzeichnis,n	- index
Zahlkarte,f	- money order

THERE ARE 5 DIFFERENT MONEY TRANSFER SYSTEMS IN THE FEDERAL

REPUBLIC OF GERMANY. THIS CHAPTER WILL SURVEY THEM.

Deutsche Überweisungssysteme.

In Deutschland unterscheiden wir zwischen 5 großen Über-
weisungssystemen*. Sie bestehen aus den LANDESZENTRALBAN-
KEN*, den GENOSSENSCHAFTSBANKEN*, den KREDITBANKEN*, den
GIROZENTRALEN*, und den POSTSCHECKÄMTERN*. Auf Grund der
gegenseitigen Verflechtungen ist ein reibungsloser Ablauf
von Überweisungen innerhalb dieser Systeme möglich.

Jede dieser Banken hat einen bestimmten Wirkungsbereich in
ihren Gründerjahren gehabt. In den späten Jahren des
letzten Jahrhunderts und den frühen Jahren dieses
Jahrhunderts, wurden diese verschiedenen Banken gegrün-
det, weil für jede Art von Banken eine Notwendigkeit
bestand. Natürlich benutzen die Banken heute ihre eigenen
Formulare, die von der Landeszentralbank anerkannt und
mitbenutzt werden.

Landeszentralbanken spielen eine koordinierende Rolle.
Wenn Konten bei verschiedenen Banken geführt werden, d. h.,
daß verschiedene Banken bei einer Transaktion benutzt
werden, so laufen die Überweisungen bei den Landeszentralbanken zusammen. Die einzelnen Banken haben Guthaben
bei den Landeszentralbanken, was es möglich macht,
entsprechende Umbuchungen stattfinden zu lassen, ohne
große Unterbrechungen im Geldverkehr hervorzurufen.
Dieser Vorgang findet bei Überweisungen, Wechseln und
Schecks statt.

Landeszentralbanken sind heute nach der Verwandlung der
Bank Deutscher Länder in die Deutsche Bundesbank (1958)
wirklich die Hauptverwaltungsstellen der Bundesbank in den
einzelnen deutschen Ländern. Sie führen immer noch den
Namen Landeszentralbank mit dem Zusatz: in Hessen, in
Berlin, etc..

Die übrigen Banken beschäftigten sich früher fast
ausschließlich mit einem bestimmten Kundenkreis. Kreditbanken oder gewerbliche Kreditgenossenschaften, wie sie
auch genannt werden, hatten oft einen Kundenkreis, der aus
Gewerbetreibenden, dem kaufmännischen Mittelstand des 19.
Jahrhunderts, der mit der Industrialisierung entstand,
bestand. Diese Institute hatten ein Verhältnis mit ihren

Kunden, das es ermöglichte, Kredite ohne großes Risiko zu vergeben, weil jeder jeden kannte.

Genossenschaftsbanken finden wir im allgemeinen in ländlichen Bezirken. Ihre Namen sind uns heute oft auch in Städten sehr geläufig: Volksbanken, Kreditgenossenschaften, Bausparkassen, Zentralkassen, genossenschaftliche Teilzahlungsbanken, etc.. Original fanden wir Genossenschaftsbanken auf dem Land, wo sie oftmals die einzigen Bankinstitutionen waren.

Girozentralen wurden meistens von Gehaltsempfängern, Gewerbetreibenden und örtlichen, kleineren Betrieben benutzt. Der Vorteil dieser Institute ist noch heute, daß sie tägliche Zinsen auf den täglichen Saldo geben. Girozentralen waren original Überwachungsinstitutionen der Sparkassen, die heute aber auch ihre eigenen Bankgeschäfte betreiben. Unter anderem gewähren sie kurz- und mittelfristige Kredite.

Der Postscheckverkehr ist der meist verbreiteste Geldtransferierverkehr, da er die meisten Niederlassungen in Form von allen Postämtern hat. Auch soll wiederholt werden, daß außer dem einzuzahlenden Stammbetrag von DM 5,-- bei der Eröffnung eines Postscheckkontos, alle Überweisungsgebühren fortfallen. Auch ist der tägliche Kontenauszug frei.

V O K A B E L N

Austeller,m	- drawer
Ersparnis,f	- savings
Genossenschaftsbank,f	- cooperative bank
Girozentrale,f	- (mutual savings bank) - central clearing bank - clearinghouse
Kreditbank,f	- loan bank
Kundenkreis,m	- customers; clientele
Niederlassung,f	- branch
Postscheckamt,n	- postal check office
Risiko,n	- risk

Stammbetrag,m	- minimum balance
Tagesauszug,m	- daily statement
Überweisungssystem,n	- transfer system
Unterschriftsberechtigter,m	- authorized signer
Verflechtung,f	- interweaving

PAYMENT OF BILLS THROUGH THE GERMAN BANKING SYSTEM DOES NOT
REQUIRE CORRESPONDENCE WITH YOUR BANK OTHER THAN THROUGH
FORMS.

Zahlungsverkehr durch Banken.

Durch eine Bank kann man auf mehrere Arten seine Schulden
begleichen:

1. Haben der Schuldner und der Gläubiger ein Konto bei einer
Bank, so wird ein Überweisungsauftrag* ausgefüllt.
Sollten beide Konten auf der gleichen Bank laufen, so
findet lediglich eine Umbuchung statt. Sollten die Konten
bei verschiedenen Banken stehen, so wird die Landeszentralbank eingeschaltet, bei der beide Banken ein Konto
haben, und die Umbuchung findet dort statt.

Bei Überweisungsaufträgen an eine Sparkasse oder eine
Girokasse, wird eine Spargirokarte benutzt. Diese besteht
aus einem Original und zwei Durchschlägen, deren Original
bei der Sparkasse bleibt, während die erste Kopie dem
Auftraggeber zugeht und die zweite Kopie dem Empfänger
zugesandt wird.

Ähnlich ist es bei einem Überweisungsauftrag an die
Landeszentralbank. Das Original bleibt bei der Bank, eine
Kopie erhält der Auftraggeber, eine Kopie wird an den
Empfänger gesandt.

2. Man kann einen Betrag bei der Bank einzahlen, wenn n u r
der Empfänger ein Konto bei einer Bank besitzt. Dieser
Vorgang ist einfach. Der Betrag wird einem Konto
gutgeschrieben. Hierfür wird ein Formular ausgemacht,
dessen Original die Bank behält und dessen Kopie dem
Einzahler als Beleg zurückgegeben wird.

3. Besitzt man ein Scheck- oder Girokonto, so kann man
darüber mit einem Scheck verfügen.

THIS CHAPTER DEALS WITH THE GERMAN VIEW ON THE USE OF CHECKS
AND SOME OF ITS RAMIFICATIONS

Der Scheckverkehr

Der Scheckverkehr* ist durch ein Sondergesetz, das
Scheckgesetz* vom 14. August 1933 geregelt. Für den
vorliegenden Zweck sollen nur bestimmte Gesichtspunkte
besprochen werden.

Der Scheck ist ein schriftlicher Auftrag zum Zahlen einer
bestimmten Summe, den der Kunde seiner Bank, Sparkasse,-
etc, erteilt. Im Gegensatz zum Wechsel, der ein
Kreditmittel ist, ist der Scheck ein Zahlungsmittel. Er
wird in Deutschland in den meisten Fällen als Verrechnungs-
scheck benutzt, was ihn zu einem bargeldlosen Zahlungsmittel macht. Im Gegensatz zu den USA, wo der Scheck mehr zur
Einlösung gegen Bargeld benutzt wird, wird er in
Deutschland als Geldsurrogat angesehen. Man bemerke, daß
das Einlösen eines Schecks in Deutschland länger dauert,
als eine Überweisung, die eine gewisse Konkurrenz des
Schecks ist.

Bei Schecks unterscheidet man zwischen den gesetzlichen
und den kaufmännnischen Bestandteilen. Während das Fehlen
eines gesetzlichen Bestandteiles einen Scheck ungültig
macht, so sind die kaufmännischen Bestandteile eines
Schecks, aus praktischen Erwägungen, nur ein ratsamer und
oft auch bequemer Zusatz.

Als rechtliche Bestandteile verlangt man folgende Angaben:

     a. den Namen der bezogenen Bank
     b. den Zahlungsort
     c. das Wort S C H E C K muß im Text des
        Schecks erscheinen. Die sogenannte Scheck-
        klausel macht ihn zur Urkunde. Sonst liegt
        kein Scheck vor.
     d. die genaue Angabe (eine bestimmte Geldsumme)
     e. Datum und Ort der Ausstellung.
     f. Unterschrift des Austellers des Schecks.

Es ist interessant, daß jeder Zettel, der eine solche

Angabe enthält, als ein Scheck* in rechtlicher Hinsicht angesehen werden muß, eine Bank aber einen solchen Scheck nicht einlösen wird, da auf diese Weise Fälschungen zu einfach gemacht werden können. Darum benutzt man Vordrucke, die Banken ihren Kunden zur Verfügung stellen.

Als kaufmännische Bestandteile eines Schecks bezeichnet man folgende Angaben:

        a. die vorgedruckte Schecknummer
        b. die Angabe der Kontonummer
        c. Orts- und Banknummer
        d. die Wiederholung der Geldsumme in Zahlen.
        e. den Namen des Scheckempfängers

Haben Schecks den Vermerk: ODER ÜBERBRINGER, so händigt jede Bank den vorgeschriebenen Betrag an den Überbringer des Schecks aus. In diesem Fall ergeben sich mehrere Möglichkeiten des Übersendens eines solchen Schecks: Entweder persönlich oder durch die Post. Im letzten Falle schickt man den Brief eingeschrieben, um eventuelle Unannehmlichkeiten zu vermeiden.

Hat ein Scheck den Stempel oder Aufdruck: ZUR VERRECHNUNG, so kann dieser Scheck nur dem Konto des Empfängers gutgeschrieben werden und nicht in bar eingelöst werden.

Ist ein Scheck älter als 8 Tage*, so muss eine Bank den Scheck nicht einlösen; man sollte also daran denken, Schecks rechtzeitig zur Einlösung vorzulegen, wenn man Schwierigkeiten bei der Bank vermeiden will.

Besitzt man einen vordatierten Scheck, so löst die Bank diesen Scheck ohne Kommentar ein. Sie ist nicht obligiert das Datum in diesem Fall zu kritisieren.

Auslandschecks*, deren Ort der Ausstellung auf einem anderen Kontinent liegen, kann man bei einer Bank ohne Schwierigkeiten bis zu 70 Tagen einlösen. Liegt der Ausstellungsort auf dem gleichen Kontinent, so beträgt die Einlösungsfrist* ohne Schwierigkeiten 20 Tage.

Schriftverkehr ist im Zahlungsverkehr heute fast nicht mehr nötig. Die verwandten Vordrucke ergeben auf die eine oder andere Weise einen Beleg, der weiteren Schriftverkehr erübrigt. Es ist nur eine Frage der geordneten Ablage, den Beleg schnellmöglichst auffinden zu können.

V O K A B E L N

anerkennen	- recognize,to
Auftraggeber,m	- buyer
auszahlen	- pay out,to
bargeldloser Zahlungsverkehr,m	- payment without cash
Beleg,m	- receipt
Betrag,m	- amount
bezeichnen	- indicate,to
Bezogene,m	- drawee
Durchschlag,m	- copy
einlösen	- honor,to (check)
Einlösungsfrist,f	- time limit for
	- redemption
Einzahler,m	- depositor
Geldsumme,f	- sum of money; amount
	- of money
Geldverkehr,m	- circulation of money
gesetzlich	- legally, lawful
Gesichtspunkt,m	- point of view
kaufmännisch	- businesslike
Kontonummer,f	- account number
Landeszentralbank,f	- central clearing
	- house (bank)
"oder Überbringer",m	- "or bearer"
Ort der Ausstellung,m	- place of issuance
Schecknummer,f	- check number
Scheckverkehr,m	- check transactions
Scheckvordruck,m	- check form; blanc
	- check
Schulden,f	- debts, liabilities
Sondergesetz,n	- special act; law
Unannehmlichkeit,f	- inconvenience
ungültig	- cancelled; void
Unterbrechung,f	- interruption
Zahlungsort,m	- place of payment
"zur Verrechnung",f	- "for deposit only"
Zweck,m	- reason

PAYMENT THROUGH THE "WECHSEL" A FORM OF PROMISSORY NOTE IS A
FORM OF THE CREDIT BUSINESS THAT DIFFERS FROM THAT IN THE
UNITED STATES.

Zahlungen durch den Wechsel. (Das Kreditgeschäft)

Der Wechselverkehr ist durch ein Sondergesetz, das
Wechselgesetz* vom 21. Juni 1933 geregelt.

Was ist ein Wechsel*? Der Wechsel ist eine Zahlungsaufforderung, also eine Urkunde, in der der Aussteller eine
Person auffordert, an ihn oder eine dritte Person, eine
bestimmte Summe an einem bestimmten Datum und einem
bestimmten Ort, zu zahlen.

Da der Termin der Zahlungsaufforderung und der eigentliche
Zahltag nicht auf den gleichen Tag fallen müssen, sondern
erheblich voneinander abweichen können, beschäftigen wir
uns in Wirklichkeit mit einem Kreditmittel*: dem Wechsel* =
Kredit*.

Man unterscheidet zwischen zwei Hauptarten von Wechseln:
Der Tratte, d. h., dem auf eine andere Person gezogenen
Wechsel, und dem Solawechsel, dem auf sich selbst gezogenen
Wechsel.

Die Tratte ist wirklich nichts anderes als eine Anweisung
des Ausstellers an den Schuldner, den vereinbarten Betrag
an einem bestimmten Ort und Datum, an eine bestimmte
Person, zu zahlen. Der Schuldner hat sich durch seine
Unterschrift an der Querseite des Wechsels, zur Zahlung
verpflichtet.

Beim Solawechsel verpflichtet sich der Aussteller
(Schuldner) den Wechselbetrag zum vereinbarten Zeitpunkt
dem Inhaber des Wechsels eine ausgemachte Summe zu zahlen.
Sehr oft ist der Ort der Zahlung eine Bank, wo beide
Parteien ein Konto führen!

Ein Wechsel ist eine verhältnismäßig sichere Art des
Kreditgeschäftes, denn ein gesetzlich richtig ausge-
füllter Wechsel enthält, wie erwähnt, die Unterschrift des
Schuldners, die es sehr leicht macht, als Gläubiger sein
Geld, wenn es sein muß, gerichtlich, zu erhalten.

Wie bei Schecks, so unterscheiden wir auch bei dem Wechsel
zwischen einem gesetzlichen und einem kaufmännischen Teil.

103

Auch hier ist der gesetzliche Teil ein <u>MUß</u>, während der kaufmännische Teil nur empfehlenswert <u>ist</u>.

Als gesetzliche Bestandteile eines Wechsels verlangt man folgende Angaben:

a. Tag und Ort der Ausstellung
b. Die Wechselklausel. Wie beim Scheck, muß das Wort <u>Wechsel</u> im Text der Urkunde erscheinen, um als Wechsel anerkannt zu werden
c. Das Fälligkeitsdatum.
d. Der Name des Wechselempfängers = REMITTENTEN*
e. Die Wechselsumme
f. Name und Unterschrift des Zahlenden (TRASSANTEN*)
g. Den Zahlungsort.

Somit sieht ein nicht vorgedruckter Wechsel mit den gesetzlichen Bestandteilen folgendermaßen aus:

Hamburg den 1. Januar, 19..
Gegen diesen Wechsel zahlen Sie am 1. Mai, 19..
an Herrn Rudolf Werneyer, Filscher K.G., Köln,
DM 5 000,-- durch die Frankfurter Bank, FfM.
Werner Hammer & Sohn
Frankfurt am Main, Missner Str. 554
Willhelm Sieger.

V O K A B E L N

auffordern	- request,to
Bestandteil,m	- component,
empfehlenswert	- recommendable; advisable
Klausel,f	- clause
Kreditgeschäft,n	- credit transaction
Kredit gewähren	- grant credit,to
Kreditmittel,n	- form of credit
Remittent,m	- payee
Termin,m	- date
Trassant,m	- drawer; payer
Trassat,n	- drawee's signature

Tratte,f	- unsigned document (Wechsel)
Urkunde,f	- document; record
verhältnismäßig	- proportionate
Wechsel,m	- draft; promissory note
Wechselempfänger,m	- draft receiver
Wechselsumme,f	- amount of draft
Wechselgesetz,n	- law to regulate the use of
	- drafts.
Zahltag,m	- date payment is due (Wechsel)
Zahlungsaufforderung,f	- request for payment

THIS CHAPTER SHOWS HOW TO USE THE "WECHSEL". ONE WILL FIND
THAT THE "WECHSEL" IS MOST FREQUENTLY USED IN SMALL AND
MEDIUM SIZED TRANSACTIONS BY RETAIL AND WHOLESALE
ESTABLISHMENTS. READ THIS CHAPTER VERY S L O W L Y!

Der Gebrauch des Wechsels.

Niemand wird gezwungen, einen Wechsel zu akzeptieren. Da es
aber mehrere Wege gibt, einen Wechsel zu ziehen, sollen
einige erklärt werden. Haben sich der Schuldner und
Gläubiger geeinigt, einen Betrag durch einen Wechsel
auszugleichen, so zieht der Gläubiger einen Wechsel
(Tratte*) auf den Schuldner. Sollte der Wechsel dem Kunden
nicht zum Akzept vorgelegt werden, was möglich ist, so
benachrichtigt der Aussteller des Wechsels den Schuldner
über die Ziehung des Wechsels. Man beachte also:

> Ein Wechsel kann auch ohne die Unterschrift
> des Schuldners weitergegeben werden!

In den meisten Fällen jedoch ist es üblich, das Akzept oder
den Annahmevermerk von dem Schuldner unterschreiben zu
lassen. Dadurch verpflichtet sich der Schuldner durch
seine Unterschrift, wie bei einem amerikanischen Scheck,
die Schulden zu begleichen. Wenn man eine solche
Unterschrift von einem Schuldner bekommen will und der
Schuldner nicht am gleichen Ort lebt, so schreibt man ihm
etwa den folgenden Brief:

Firma
Otto Krause
Hammstr. 222

338 Goslar/Harz

--   --   SM/rw   Hannover, den 25.6.19..

Betr.:Bitte um Annahmevermerk

Lieber Herr Krause!

Um meine Rechnung vom 16. Juni 19.. auszugleichen,
übersende ich Ihnen, wie verabredet, einen Wechsel über:

                    DM 2.999,47
                    ===========

fällig am 10. September 19.. . Zahlungsempfänger:

                    Herr H. Mann, Hamburg.

Ich möchte Sie bitten, die Tratte baldmöglichst zu
akzeptieren und mir zurückzuschicken.

Mit freundlichen Grüßen

Siegfried Müllerhauser, Prokurist
K. M. Müller G.m.b.H.

Anlage
Tratte

Um Zeit zu sparen, füllt der Schuldner oft den Wechsel selbst aus und unterschreibt ihn. In diesem Falle braucht nur noch der Gläubiger den Wechsel zu unterschreiben (indossieren).

Wenn man weiß, daß man sich nicht wirklich auf einen Schuldner verlassen kann, so wird man eine Bank oder einen Geschäftsfreund beauftragen, die Unterschrift einzuholen. Das gleiche kann auch von einem Vertreter getan werden.

Jeder Inlandwechsel* unterliegt vor der Aushändigung oder Weitergabe der Wechselsteuer*. Ein Wechsel ohne Wechselsteuermarke wird von keiner Bank angenommen.

Der Steuerbetrag für Inlandwechsel beträgt DM 0,15 für jede angefangenen DM 100,--. Für Auslandswechsel* liegen besondere Bestimmungen vor, über die jede Bank Auskunft gibt.

Die Wechselsteuermarken sind auf der Rückseite, (Schmalseite) des Wechsels, dicht am oberen Rand anzubringen. Man achte darauf, daß die Marken bei eventueller Weitergabe nicht verloren gehen können!

Um einen Geschäftsfreund aus einer anderen Stadt um die Gefälligkeit des Einholens eines Akzeptes zu bitten, könnte man einen Brief verfassen, wie der, der dem Vokabular folgt:

V O K A B E L N

Akzept vorlegen	- present for signature,to
Annahmevermerk,n	- notation of acceptance
ausgleichen	- balance,to; settle,to
begleichen	- settle,to; adjust,to
Gefälligkeit,f	- favour
verlassen,sich	- rely on,to
verpflichten,sich	- obligate,to
Wechsel ziehen	- make out a draft
Ziehung,f	- draw on a draft

Herrn
Hans Braun
Hansastr.4

6000 Frankfurt am Main 2

--   --   GM/qq   München, den 22. August 19..

Betr.: <u>Bitte um Einholung eines Akzepts</u>

Sehr geehrter Herr Braun!

Könnte ich Sie um eine Gefälligkeit bitten? Würden Sie den
anliegenden Wechsel über:

DM 299,--, fällig am 30. Sept. 19.. in Frankfurt

von Herrn Rudolf Wink, Frankfurt, Bahnhofstr. 8,
akzeptieren lassen und ihn an mich zurücksenden?

Für Ihre Bemühungen bin ich Ihnen sehr dankbar. Sollten
Ihnen Kosten entstehen, so werde ich Ihnen diese
selbstverständlich ersetzen.

Hochachtungsvoll

Gert Mönch

<u>Anlagen</u>
Tratte
frankierter Umschlag

Die Weitergabe des Wechsels

In den meisten Fällen werden Wechsel als Zahlungsmittel benutzt. Hat man eine Steuermarke auf den Wechsel geklebt, so versieht man die Marke mit einem Verfalldatum. Dieses Datum entwertet die Marke.

In vielen Fällen steht von vornherein fest, wer den Wechsel erhält, dann wird der Wechsel auf die Person ausgestellt. Dieser Wechsel wird dann dem Gläubiger mit einem kurzen Schreiben zugesandt:

Firma
Hans Nolde
Heerstr. 838

6000 Frankfurt am Main 70

--   --   ES/vo   Stuttgart, den 31.1.19..

Betr.: Wechsel zum Rechnungsausgleich

Als Anlage übersenden wir Ihnen zum Ausgleich Ihrer Rechnung vom 15. Dezember, 19.. einen Wechsel über:

DM 22.647,--, fällig am 19.1.19.. in Frankfurt.
Bezogener: Hans Droste, Ffm., Vogtstr.4.

Wir bitten Sie um eine Empfangsbescheinigung und Gutschrift.

Mit freundlichen Grüßen

Emil Schmitt

Anlage
1 Wechsel

Ist der Wechsel jedoch auf "eigene Order", also auf den Aussteller ausgemacht, so muß der Verfügungsberechtigte, der Aussteller, auf der Rückseite des Wechsels unterhalb der Steuermarke, ein Übertragungsvermerk (Indossament*) machen. Dieses Indossament ist bei jeder Weitergabe des Wechsels nötig. Es gibt also einen großen Unterschied zwischen dem Indossieren eines amerikanischen Schecks und dem Indossieren eines deutschen Wechsels!

Wir unterscheiden zwischen mehreren Arten von Indossamenten (HGB § 364; AktG.1965, Art. 11 WG und Art. 14 SchG.). Die wichtigsten sind:

Das Vollindossament* ist das herkömmlichste Indossament. Der Wechsel wird vom Inhaber unterschrieben und der neue Besitzer und dessen Firma werden von ihm schriftlich auf dem Wechsel genannt.

Das Vollmacht*- oder Prokura*- Indossament (Art.18 WG, 23 SchG) enthält einen Zusatz, wie z. B.: zum Einzug. Dieser Zusatz berechtigt, den Betrag einzuziehen.

Ein Blankoindossament* enthält nur die Unterschrift des Weitergebenden, ohne Angabe des Indossatars. Man setzt diese Unterschrift meistens viel tiefer, sodaß das Indossament zu einem Vollindossament ergänzt werden kann.

Die Einlösung des Wechsels

Der Wechsel muß am Verfalltag dem Bezogenen oder wenn eine Zahlstelle angegeben ist, der Zahlstelle, z. B. einer Bank, vorgelegt werden.

Wird der Wechsel nicht persönlich vorgelegt, so muß das Einziehungsrecht durch ein Vollmachtsindossament übertragen werden. Von dem Einziehenden wird dann der Empfang des Betrages auf der Rückseite des Wechsels quittiert.

Andere Möglichkeiten den Wechselbetrag einzuziehen sind:

durch die Post
durch die Bank
durch die Landeszentralbank.

Während eine Bank jeden Wechsel zum Einzug annimmt, nimmt die Bundespost nur Wechsel in deutscher Sprache und nicht über mehr als DM 1.000,-- an. Die Post verwendet hierfür entweder einen Postauftrag oder einen Postprotestauftrag.

Gegen Zahlung erhält der Bezogene den Wechsel mit der Bestätigung: Betrag erhalten, Name, Tag, Ort, zurück.

Sollte der Bezogene nur einen Teil der versprochenen Summe bezahlen, so muß dieser Betrag angenommen werden.

Kann der Bezogene den Wechselbetrag nicht bezahlen, so kann der Verfalltag des Wechsels herausgezogen werden. Diesen Vorgang nennt man prolongieren.

Wechselprolongationen* können auf zwei Arten vorgenommen werden. Die erste und einfachste Art ist, einen neuen Wechsel mit einem neuen Verfalltag auszustellen.

Die zweite Art ist, am Verfalltag, das alte Datum zu streichen und ein neues Datum einzusetzen. Bei dieser Art müssen jedoch alle Personen, die den Wechsel weitergegeben haben durch Unterschrift bestätigen, daß sie mit der Datumsabänderung einverstanden sind.

Herrn
Norbert Grass
Kellerweg 1

4000 Düsseldorf

PP/bd   26.9.19..   LF/pp   Köln, den 2.10.19..

Betr.: Zahlung durch Akzept

Um Ihre Rechnung vom 8. Oktober 19.. zu begleichen, übersende ich Ihnen mein Akzept über:

        DM 77.553,--, fällig am 25. Sept. in Ulm.

Ich bitte Sie, um Zusendung einer Empfangsbestätigung.

Hochachtungsvoll

Lothar Friebe

Anlage
Akzept

111

NOTIZEN:

WHEN A GERMAN DRAFT IS NOT PAID, IT "GOES TO PROTEST". THAT
CONDITION CAUSES CERTAIN LEGAL ASPECTS, A FOREIGNER SHOULD
BE FAMILIAR WITH.

Der Wechselprotest*

Wird ein Wechsel zur rechten Zeit, am richtigen Ort zur
Annahme vorgelegt und nicht eingelöst, so muß, mangels
Zahlung, "Protest erhoben werden".

Dies muß eigentlich beurkundet werden. Dazu sind
Postbeamte, Gerichtsbeamte oder Notare berechtigt. Die
Post kann Protest nur bis zu Beträgen von DM 1000,--
erheben. Somit ist der Protest eine amtliche Urkunde, die
bestätigt, daß ein Wechsel rechtzeitig vorgelegt, aber
nicht eingelöst worden ist.

Dieser Tatbestand zieht einige Folgen nach sich: Der
Wechselinhaber muß den Aussteller des Wechsels und den
Letztunterzeichneten davon in Kenntnis setzen, daß der
Wechsel nicht eingelöst worden ist. Hierzu hat er vier Tage
Zeit.

Er hat das Recht, auf den Letztunterzeichneten für den
Wechselbetrag zurückzugreifen, zuzüglich der Protestko-
sten, 6% Zinsen vom Verfallstag an gerechnet, und 1/3 %
Provision und die entstandenen Unkosten von ihm zu
verlangen. Er kann aber auch irgendeinen anderen der
Unterzeichneten als Zahlenden wählen, wenn er denkt, daß
ein anderer finanziell sicherer ist, als der Letztunterzeichnete.

Hinzukommt, daß der Bezogene, also derjenige, der den
Wechsel nicht einlöst, auf die sogenannte schwarze Liste
kommt, die Personen führt, die ihren Wechselverpflichtun-
gen nicht nachgekommen sind. Diese Liste ist bei dem VEREIN
DER KREDITREFORM , sowohl als auch beim Amtsgericht
einsehbar oder erhältlich.

Der Letztunterzeichnete muß von seinem Vordermann innerhalb von 2 Tagen über den zu Protest gegangenen Wechsel
informiert werden und dann die oben genannten Provisionen
und auch die anderen Auslagen und Kosten weiterverlangen.

V O K A B E L N

Anlage,f	- enclosure
Aushändigung,f	- surrender
Auskunft,f	- information
Auslandswechsel,m	- foreign draft
ausmachen	- draw,to
Bestimmung,f	- rule; law
blanko	- blank
Einziehungsrecht,n	- right to collect
Empfangsbestätigung,f	- receipt;
	- acknowledgement
Indossament,n	- endorsement
Inlandwechsel,m	- domestic draft
prolongieren	- prolong,to
Rückseite,f	- reverse side
schwarze Liste,f	- black list
Steuerbetrag,m	- tax amount
Steuermarke,f	- tax stamp
Übertragungsvermerk,m	- transfer entry
Vollmacht,f	- power of attorney
Wechselsteuer,f	- tax (on draft)
Weitergabe,f	- forwarding (draft)
Zahlungsmittel,n	- form of payment

Ü B U N G E N

Various draft related exercises:

1. Annahmevermerk. Write to Firma Hermann Hesse, Hegestraße 14. 3300 Braunschweig. To pay for the order of Nov.14, 19.. for goods they received, we have agreed on a Wechsel, drawn on Hermann Hesse, Braunschweig, due Nov. 30, 19.. over DM 5.000.-- . Ask for speedy return of the accepted Wechsel.

2. Einholung des Akzepts. Ask your sales representative in München to go to the Messer Fabrik Hans Hammer in the same town and have them accept their draft that we drew-up over the amount of DM 15.259,-- due April 14.19... Please return it to me as soon as the Tratte has been signed. Should you have any expenses due to this matter, please bill me. If I can do you any favour, please count on my assistance.

3. Wechselprotest. Inform Mr. Herbert Sonnenschein, Mainanlage 18, 6450 Hanau am Main 1, that his Wechsel over DM 6844,98 has not been paid on the due date: January 15, 19... Please advice him of the status and the legal involvement when not paying such promisary note.

NOTIZEN:

Die Mahnung.

Wenn ein Schuldner am Verfalltag nicht gezahlt hat, muß eine Mahnung, 1. Mahnung*, wegen Nichtzahlung geschrieben werden.

ne Mahnung zu verfassen, ist nicht immer ganz einfach, denn man möchte den Kunden in den meisten Fällen nicht verlieren. Daher ist es ratsam, sich eine Mahnung gut zu überlegen. Vor allem kann man nicht einen Kunden wie den anderen behandeln.

Man sollte auch bei einer Mahnung nicht vergessen, höflich zu sein. Man falle nicht sofort " mit der Tür ins Haus"!

Vor allem soll man rechtzeitig mahnen. In vielen Fällen ist es genauso wichtig, den Kunden weiterhin als Kunden zu behalten, wie sein Geld vom nicht bezahlten Wechsel zu bekommen!

Hat das Schreiben keinen Zweck, so kann man auch einen Kontenauszug zusenden; auch sind vorgedruckte Mahnungen keine Beleidigung. Ein solcher Brief hat einen unpersönlichen Anklang. Man achte jedoch auf jeden Fall darauf, daß eine Mahnung nicht in unverschlossenen Briefen oder auf einer Postkarte zugeschickt wird!

Es ist selten, daß der Kunde immer noch nicht zahlt. Sollte dieses aber der Fall sein, so schreibt man eine 2. Mahnung.

Auch diese ist in vielen Fällen vorgedruckt. Oft ist aber ein persönlicher Brief an den Schuldner eindrucksvoller.

In einem persönlichen Brief an den Schuldner, weist man zuerst auf die erste Mahnung hin. Gleichzeitig bittet man um die Zahlung des ausstehenden Betrages zu einem bestimmten Zeitpunkt. Man weist darauf hin, daß man bei Nichtzahlung den ausstehenden Betrag durch die Post einziehen lassen wird.

Da sich der Schuldner durch das Nichtbegleichen der Schuld im Zahlungsverzug befindet, kann man sogenannte Verzugszinsen vom Fälligkeitsdatum der Rechnung fordern, sonstige Auslagen, die wegen des ausstehenden Betrages entstanden sind hinzufügen, und den Schuldner auch auf diese Tatsache aufmerksam machen.

Wurstwarenfabrik
Hans Gross
Schinderweg 77

6000 Frankfurt am Main 2

--   --   RW/jk   Celle, den 16.8.19..

Betr.: <u>Rechnungsausgleich</u>

Unsere Rechnung über DM 400,-- vom 1.8.19.. fällig am
14.8.19.., ist von Ihnen noch nicht beglichen worden.

Bitte überweisen Sie den Betrag umgehend auf mein Konto #
555 bei der Frankfurter Bank, Schillerweg 18, 6 Ffm. 1.
Mit freundlichen Grüßen

Dr. Richart Wagenheimer
Rechtsabteilung, Manillo GmbH.

Wurstwarenfabrik
Hans Gross
Schinderweg 77

6000 Frankfurt am Main 2

--   --   RW/pw   Celle, den 15. 9. 19..

2. Mahnung wegen Rechnungsausgleich

Leider ist von Ihnen, trotz unserer ersten Mahnung, der
Betrag von DM 400,--   vom 14.8.19.. noch nicht
überwiesen worden. Auch haben wir von Ihnen noch keine
Antwort erhalten.

Wir bitten Sie, den Betrag bis zum 30. Mai 19.. auf unser
Konto Nr.: 555 bei der Frankfurter Bank zu überweisen.

Sollte dies nicht bis zum angegebenen Termin geschehen, so
werden wir den Betrag, zuzüglich 5 % Verzugszinsen durch
die Post einziehen lassen.

Hochachtungsvoll

Dr.Richart Wagenheimer
Rechtsabteilung, Manillo GmbH.

Sollte diese 2. Mahnung* erfolglos bleiben, so schickt man
dem Schuldner die letzte Mahnung*.

Hierin erklärt man, daß man nicht versteht, warum der
Schuldner nicht zahlt. Dann macht man eine genaue
Aufstellung über die bisher entstandenen Kosten. Ferner
unterrichtet man den Kunden, daß falls er auch auf diesen
Brief nicht antwortet, oder zahlt, der Fall zu Gericht
gehen wird.

Man sollte jedoch nicht das Gesamtbild vergessen und sich
daran erinnern, wie wenige dieser Situationen dahin
ausarten, daß sie vor Gericht enden. Es ist sehr klar, daß

119

wenn nichts anderes einer Situation zugrunde liegt, als daß
der Schuldner nicht gezahlt hat, der Schuldner im Endeffekt
zahlen muß oder von dem Gericht gezwungen wird, die
Schulden irgendwie zu zahlen.

Im Gegensatz zu amerikanischen Gerichten ist die Wartezeit
auf ein Gerichtsverfahren dieser Art sehr kurz. Auf der
anderen Seite ist der Ausgang eines solchen Verfahrens
unter den oben beschriebenen Umständen sehr leicht
vorauszusagen.

Wurstwarenfabrik
Hans Gross
Schinderweg 4

6000 Frankfurt am Main 2

--   --   RW/jk   Celle, den 1.9.19..

LETZTE MAHNUNG

Sehr geehrter Herr Gross,

Wir haben Sie bereits zweimal gemahnt, die Rechnung vom
1.8.19.. über DM 400,--, fällig am 14.8.19.., zu
begleichen.

Weder haben Sie diesen Betrag bisher bezahlt, noch haben
Sie auf unsere Schreiben geantwortet.

Außerdem haben wir erfolglos versucht, diesen Betrag durch
die Post einziehen zu lassen.

Uns ist Ihre Verhaltungsweise unverständlich. Sollten Sie
Zahlungsprobleme haben, so wären wir sicherlich zu einer
Einigung gekommen, wenn Sie uns über Ihre Probleme
unterrichtet hätten.

Als Geschäftsmann wissen auch Sie, daß wir Ihnen unsere
Ware nicht ohne Bezahlung überlassen können. Hinzukommen
die entstandenen Mahngebühren über DM 1,50.

Zum letzten Male bitten wir Sie, den Betrag von:

```
                              DM  400,--
                           +  DM    1,50
        Endsumme           =  DM  401,50
                              =========
```

zuzüglich aller sonst noch entstehenden Kosten, schnell-
stens auf unser Konto bei der Frankfurter Bank in
Frankfurt, Konto Nr.: 555, zu überweisen.

Es wäre angebracht, sich zu überlegen, daß Sie im
Endeffekt doch zahlen müssen und daß sich die Kosten, die
sich anhäufen werden, vergrößern. Machen Sie doch sich
selbst und uns nicht das Leben schwerer als nötig!

Hochachtungsvoll

Dr. Richard Wagenheimer
Rechtsabteilug, Manillo GmbH.

V O K A B E L N

Aufstellung,f	- list; statement
Beleidigung,f	- offense; insult
Gutschrift,f	- credit
Mahnbrief,m	- collection letter;
	- request for payment
Mahnung,f	- reminder; warning
Mahnverfahren,n	- default action
Menschenkenntnis,f	- judgement of
	- character
Taktgefühl,n	- tactfulness
Verzugszinsen,f	- accumulated past-due
	- interest
Wechselprotest,m	- legal protest (non-
	- payment of draft)
Zahlungsverzug,m	- delay of payment
	- (beyond due-date)

Ü B U N G E N

Reminders: <u>1</u>, <u>2</u>, last:

1. <u>1. Mahnung.</u> Write to Firma Emanuel Schlampert, Schlechterweg 777, 6050 Offenbach am Main. The company has received the goods ordered for delivery on 18. 7. 19.. , worth DM 799,93. Payment was due on 25. 7. 19... This date is 31.7.19... .

2. <u>2. Mahnung.</u> Write to Firma Emanuel Schlampert, Schlechterweg 777, 6050 Offenbach am Main. You have written them 2 weeks ago on 31. 7. 19... They owe us DM 799,93 for their order # 321 delivered on 18.7.19... You still do not have the money nor do you have any reply to your letter. You set them a final due date when you expect payment.

3. <u>Letzte Mahnung.</u> Write to Firma Emanuel Schlampert, Schlechterweg 777, 6050 Offenbach am Main. You have written them on 31.7.19.., on 14.8.19.. and you have not had any response to any of your letters, concerning payment of your invoice # 123 dated 18.7.19.. You have even tried to have the Post office collect the money but no success. You are giving him a final chance to pay up, including all the expenses you have had so far. List them, including interest, etc.

Der Zahlungsbefehl.

Bei einem Mahnverfahren* ist es immer gut zu wissen, ob der Schuldner nicht zahlen kann oder aus irgendeinem Grund nicht zahlen will. Das erfolgreiche Schreiben von Mahnbriefen hängt meistens von guter Menschenkenntnis, einem guten Taktgefühl und sorgfältiger Forschungsarbeit über den Zustand des Schuldners ab. Drohungen allein sind meisten nicht die Antwort. Das Ziel solcher Briefe ist es doch: GELD VON DEM KÄUFER ZU BEKOMMEN!

Sollten alle diese Briefe nicht zum gewünschten Erfolg der Zahlung führen, so wird endlich ein gerichtliches Mahnverfahren eingeleitet. In Deutschland ist die Wartezeit für solche gerichtlichen Verfahren sehr kurz!

Beim zuständigen Gericht stellt der Gläubiger einen Antrag auf Erlaß eines Zahlungsbefehls.

Der eigentliche Zahlungsbefehl* wird vom Gericht zugestellt. Der Schuldner muß dann innerhalb von 3 bis 7 Tagen den Betrag an den Gläubiger zahlen. Der zu zahlende Betrag ist der Rechnungsbetrag, zuzüglich der Mahn- und Gerichtskosten. Zahlt der Schuldner daraufhin den Betrag, so ist das Verfahren beendet.

Der Schuldner hat jedoch das Recht, zwischen 3 und 7 Tagen Einspruch zu erheben. In diesem Fall wird der Gläubiger von dem Gericht über diesen Tatbestand benachrichtigt. Schuldner und Gläubiger können nun einen Antrag auf mündliche Verhandlung vor Gericht stellen. Dieser Antrag kann von dem Gläubiger bereits auf dem Antrag zum Zahlungsbefehl gestellt werden.

Tut der Schuldner während der 7 Tage nichts, so kann der Gläubiger die Vollstreckung des Zahlungsbefehls innerhalb von 6 Monaten beantragen. Unternimmt der Gläubiger nichts innerhalb dieser 6 Monate, so verfällt die Wirkung des Zahlungsbefehls.

Bei beantragter Vollstreckung*, läßt das Gericht dem Schuldner den Vollstreckungsbefehl zugehen. Sollte der Schuldner dann zahlen, so nimmt der Vorgang hier ein Ende.

Sollte der Schuldner binnen einer Woche bei Gericht Einspruch erheben, so können Schuldner und Gläubiger bei Gericht einen Antrag auf eine mündliche Verhandlung stellen.

123

Sollte es zu einer Klage kommen, so ist bis zu einem Betrag von DM 1.000,-- das Amtsgericht, über DM 1.000,--, das Landesgericht zuständig (im Zivilprozeß).

Tut der Schuldner wieder nichts, so wird die Zwangsvollstreckung* durchgeführt, d. h., es kann zu einer Pfändung kommen.

Sollte der Gläubiger bei dieser Pfändung* nicht zu seinem Geld kommen, so kann der Gläubiger den Schuldner zu einem Offenbarungseid zwingen. Weigert sich der Schuldner, diesen zu geben, so kann der Gläubiger auf einen Haftbefehl dringen. Für die Haftungskosten kommt jedoch in diesem Fall der Gläubiger auf. Die Höchstlänge der Haft beträgt 6 Monate. Der Häftling kann während dieser Zeit jederzeit den Offenbarungseid ablegen und damit seine Haft beenden!

V O K A B E L N

Einspruch erheben	- object,to
Erlaß,m	- order
Gerichtskosten,f	- court cost
Haftbefehl,m	- arrest warrent
Offenbarungseid,m	- oath of manifastation
Pfändung,f	- distraint; seizure
Tatbestand,m	- state of affairs
Vollstreckung,f	- execution; enforcement
Zahlungsbefehl,m	- court order to pay
zwingen	- force,to; coerce,to

THE GERMAN CREDIT BUSINESS WITH BANKS DOES NOT REALLY
DIFFER VERY MUCH FROM THAT IN THE UNITED STATES. THERE IS
ALMOST NO CORRESPONDENCE. IF THERE IS ANY, IT IS ON FORMS.

Das Kreditgeschäft mit Banken.

Was ist Kredit*? Kredit ist das Recht über Geld oder Dinge
eines anderen, sehr oft Banken, zu verfügen. Dies geschieht
unter bestimmten Voraussetzungen, wie zum Beispiel
Verzinsung, verlangten Sicherheiten, etc..

Wir unterscheiden verschiedene Arten von Krediten. Die
Einteilung richtet sich im allgemeinen nach der Art

> der Verwendung,
> der Sicherheit,
> der Dauer,
> der Leistung,
> des Kreditgebers.

Wenn man als Kaufmann Kredit erhalten möchte, so ist der
erste Schritt ein Weg zur Bank. Hier werden die Bedingungen
festgelegt, unter denen sich eine Bank bereit erklärt,
Kredit zu gewähren. Diese Bedingungen werden in einem
Kreditvertrag niedergelegt.

Es ist üblich, zuerst einen Antrag auf Kredit zu stellen,
der der Bank gewünschte Auskünfte über einen Kunden gibt,
die dann von der Bank geprüft werden und entweder für einen
Kredit ausreichen oder auch nicht.

Als wichtigsten Bankkredit sieht man den Kontokorrent-
kredit* an, bei dem die Bank dem Kunden gestattet, sein
Konto ein- oder mehrmalig bis zu einem gewissen Betrag, und
bis zu einer gewissen Zeit zu überziehen. Diese Art von
Kredit ist ein kurzfristiger Kredit. Es ist üblich diese
Art von Kredit mit und ohne Sicherheiten einem Kunden zu
gewähren.

Man unterscheidet im allgemeinen zwischen kurzfristigen
Krediten (bis zu 6 Monaten), mittelfristigen Krediten (bis
zu 5 Jahren) und langfristigen Krediten (über 5 Jahre).
Kredite werden in Deutschland durch das Kreditwesengesetz
von 1961 kontrolliert.

Um diesen Vorgang unkompliziert zu halten, kann man aber
sagen, daß Kredite unter DM 20.000,-- an Firmen, im

allgemeinen ohne zu große Probleme vor sich gehen. Solange sich die Bank von der Notwendigkeit des Kredites überzeugt, und der Kunde die Bank von seiner Kreditwürdigkeit überzeugen kann, ist Kredit relativ einfach zu erhalten.

Bei Beträgen über DM 20.000,--, schreibt das Gesetz eine automatische Prüfung vor. Hier wird die Bank nicht nur die finanzielle Seite des Geschäftes prüfen, sondern sich auch um die persönliche Seite des Antragstellers kümmern.

Es ist nicht selten, daß eine Bank sogenannte zusätzliche Sicherheiten fordert. Diese können mehrere Bürgen, Verpfändungsrechte oder auch Grundstücke sein.

Eine Bürgschaft* ist ein Vertrag, bei dem sich der Bürge gegenüber dem Gläubiger eines Schuldners verpflichtet, daß er im Notfall beim Nichtzahlen des Schuldners für einen bestimmten Betrag aufkommt.

Eine Bürgschaft kann auch begrenzt sein, nämlich: betragsbegrenzt, zeitbegrenzt oder personenbegrenzt.

THE GATHERING, AND THE DISPERSING OF INFORMATION ABOUT INDIVIDUALS AS WELL AS COMPANIES IS A LOT MORE COMPLICATED, AND REGULATED IN GERMANY THAN IN THE US. IT IS THEREFORE USEFUL TO KNOW HOW THE GERMANS GATHER INFORMATION IN BUSINESS.

Das Einholen von Handelsauskünften.

Es ist verständlich, daß man sich als Kaufmann absichert, bevor man sich bereit erklärt, Kredit zu geben, überhaupt größere Geschäfte zu machen. Wie sichert man sich in Deutschland ab?

Es ist ratsam, sich für solche Auskünfte* nicht an Verwandte, Bekannte, Freunde oder an die Konkurrenz des Kreditsuchenden zu wenden. Vielmehr sollte man sich, besonders als Ausländer, an Geschäftsfreunde, Handelskammern oder noch besser, Auskunfteien* halten.

"Dunn-Europa, Verein Creditreform e. V." oder "Auskunftei Schimmelpfennig", um nur einige bei Namen zu nennen, sind gute Quellen für derartige Informationen.

Man sollte peinlichst darauf achten, daß derartige

126

Anfragen nicht in falsche Hände fallen. Solche Überra-
schungen können unangenehme Folgen haben!

Man kann sich auch selbst mit ein wenig Ausdauer sehr gut
informieren, indem man selbst zum Gericht geht und sich
dort das Hangelsregister, das Güterrechtsregister,
natürlich auch das Schuldnerverzeichnis, daß die Namen
führt, die in den vergangenen 3 Jahren einen Offenbarungseid geleistet haben, ansieht und die nötigen Schlüsse aus
der Information zieht.

Ein nicht zu vergessener Helfer für Handelsinformation ist
auch REGENHARTS GESCHÄFTSKALENDER, der Namen nennt, wo man
sich über Vertreter an verschiedenen Orten erkundigen
kann. Es scheint, daß die Großauskunfteien die erfolg-
reichsten und zuverlässigsten Auskunftgeber sind.

Worüber erkundigt man sich bei einer Bitte um Auskunft? Man
fragt um Information über persönliche und kaufmännische
Eigenschaften des Schuldners. Man erkundigt sich über den
Besitztum des Schuldners, die Geschäftsgröße.

Wenn möglich, versucht man Informationen über das Eigen-
und Fremdkapital des Schuldners, den Umsatz der Firma, die
Zahlungsweise für Schulden und über das Behandeln der
Mitarbeiter herauszufinden.

Es ist sehr wichtig, zu wissen, wie alt die Information ist,
die man bekommt. Ein Geschäft kann sich sehr schnell
ändern!

Man achte darauf, daß wenn man eine Auskunft erhält, diese
keinen Wert besitzt, wenn sie nur aus allgemeinen Floskeln,
Kalkulationen und Spekulationen besteht.

Auch sollte man sich über die Art der Formulierung der
Auskünfte mit dem Auskunftgebenden vorher genau unterhal-
ten. Es ist nämlich üblich, bestimmte Dinge auf bestimmte
Weise zu sagen, teilweise in vom Gesetz vorgeschriebener
Art.

Für einen Ausländer ist es gut zu wissen, daß eine
geschäftsmäßige Auskunftei in Deutschland für eine
erteilte Auskunft haftet, solange die Auskunft nicht den
Zusatz: "Ohne Verbindlichkeit" führt. Wenn sich heraus-
stellt, daß eine Auskunft jedoch gewollt unrichtig gegeben
worden ist, so ist die Auskunftei auch mit dem obigen Zusatz
haftbar.

127

Wenn man Auskunft über eine Person oder Firma ohne eine
Auskunftei haben möchte, so schreibt man einen Brief an
einen Geschäftsfreund:

Herrn
Herbert Hamm
Farnstraße 6

3208 Gießen

HM/nn 23.5.19..   HM/nn   Northeim, den 23.5.19..

Bitte um Auskunft   V E R T R A U L I C H !

Sehr geehrter Herr Hamm!

Wir benötigen über die auf beiliegendem Zettel genannte
Firma möglichst genaue Auskunft. Wir haben von dieser Firma
einen Auftrag über DM 78.500,-- erhalten, und Sie wurden
uns als Empfehlung genannt.

Wir wären Ihnen sehr dankbar, wenn Sie uns über die
Kreditwürdigkeit und über die Geschäftsverhältnisse der
Firma Auskunft geben könnten.

Wir versichern Ihnen unbedingte Verschwiegenheit. Für Ihre
Mühe danken wir Ihnen im Voraus.

Mit freundlichen Grüßen

Horst Meiersdorf
ABCD AG.

Anlage
Zettel mit Anschrift
Freiumschlag

Beim Verfassen eines solchen Briefes achte man darauf, daß
der Name der Firma, über die man eine Auskunft einholt,
möglichst nicht im eigentlichen Brief genannt wird,
sondern auf einem separaten Zettel beigelegt ist!

Der Bitte um Auskunft muß das schriftliche Versprechen um
Verschwiegenheit beigefügt sein. Es ist außerdem üblich,
einem solchen Brief einen Freiumschlag beizufügen!

Herrn
Horst Meiersdorf
Mensterweg 233

7000 Stuttgart

--   --   HH/ka   Gießen, den 30.5.19..

Betr.: Auskunft   v e r t r a u l i c h !

Sehr geehrter Herr Meiersdorf!

Die auf beiliegendem Zettel genannte Firma liegt im
Finanzzentrum der Stadt. Zu ihrem Kundenkreis gehören die
finanzkräftigsten Kaufleute der Stadt.

Das Geschäftsgebäude ist von innen und außen sehr
geschmackvoll und teuer eingerichtet und hat einen
Schätzungswert von etwa DM 4,5 Millionen. Von eventueller
Belastung mit einer Hypothek ist uns nichts bekannt.

Über den Inhaber der Firma ist uns nichts Nachteiliges
bekannt. Unter den Geschäftsinhabern am Ort, erfreut er
sich großer Beliebtheit.

Wir sind überzeugt, daß er seinen Verpflichtungen nach-
kommen wird.

Wir hoffen, Ihnen mit dieser Auskunft helfen zu können.
Bitte behandeln Sie diese Informationen streng vertrau-
lich. Wir geben diese Auskunft jedoch unverbindlich.

Mit freundlichen Grüßen

Herbert Hamm

Anlage
Zettel mit Anschrift

129

Eine solche Auskunft muß man sich sehr gut überlegen. Man sei sehr vorsichtig! Es ist auch hier nicht üblich, den Namen im Brief zu nennen.

Man lehne jede Haftung für die erteilte Auskunft ab! Eine absichtlich falsche Auskunft kann zum Schadenersatz herangezogen werden. Man bedenke auch, daß im Geschäftsleben die kleinste Kleinigkeit das finanzielle Bild einer Firma ändern kann! Eine Auskunft darf also nicht sehr alt sein!

V O K A B E L N

absichern	- make sure, to
Amtsregister, n	- court register
Auskunftei, f	- detective agency (business)
Bürgschaft, f	- colateral, sponsorship
Grundstück, n	- property
Güterrechtsregister, n	- property rights register
Handelskammer, f	- chamber of commerce
Handelsregister, n	- trade register
Kontokorrentkredit, m	- open credit line
Kreditgeschäft, n	- credit business
Kreditvertrag, m	- credit agreement
Kreditwürdigkeit, f	- credit worthyness
prüfen	- check, to; inspect, to
Quelle, f	- source
Schuldnerverzeichnis, n	- defaulter's book (register)
Sicherheit, f	- security
Verbindlichkeit, f	- liability; obligation
Verfahren, n	- procedure
verfügen	- make available, to
Verpfändungsrecht, n	- right to publicly auction-off

THE PERSONNEL DEPARTMENT IN A GERMAN FIRM IS RATHER
COMPLICATED, AND SOPHISTICATED. THE LARGER THE COMPANY,
THE MORE COMPLICATED PERSONNEL MATTERS BECOME. PERSONNEL
COULD BE DIVIDED INTO THE AREAS OF EMPLOYMENT POLICIES,
INCOME AND SOCIAL POLICIES, INTERNAL AND EXTERNAL
CORPORATE EDUCATION, AND LEGAL ASPECTS. THIS CHAPTER IS TO
GIVE AN OVERVIEW ON THE SUBJECT.

Das Personalwesen.

Dieses Kapitel soll einen Einblick in das deutsche
Personalwesen* geben. Es soll die größten Unterschiede
zwischen deutschem und amerikanischem Personalwesen
zeigen. Es erhebt auf keinen Fall den Anspruch, vollständig
zu sein. Es soll jedoch helfen, sich unter bestimmten
Umständen, bei einem Vorstellungsgespräch in einer
deutschen Firma, sicherer zu fühlen.

Das Personalwesen in der deutschen Industrie kann man
sowohl von der Seite des Arbeitgebers, als auch von der
Seite des Arbeitnehmers betrachten. Daher ist es wichtig,
beide Seiten aus ihrer Perspektive etwas zu kennen.

Man muß sich bewußt sein, daß beide Seiten nicht nur andere
Interessen, sondern auch andere Rechte zu beachten haben.
Im Prinzip wird ein großer Teil des Personalwesens in einer
Firma von dem deutschen Arbeitsrecht geregelt, von dem das
Mitbestimmungsrecht auch in den Vereinigten Staaten
bekannt ist.

In Deutschland gibt es 2 Hauptmöglichkeiten, Mitarbeiter*
für eine Firma zu bekommen. Man wendet sich an das
staatliche Arbeitsamt oder man setzt eine Anzeige in eine
Wochenendausgabe einer besseren deutschen Tageszeitung.
Kommerzielle Stellenvermittlungen, wie sie in Amerika
üblich sind, gibt es nicht in dem Ausmaß, wie in den
Vereinigten Staaten.

Alle guten Zeitungen und Magazine führen eine Menge
Stellenangebote und Stellengesuche. Der Trick hier ist,
wie beim Schreiben eines Begleitbriefes eines Lebenslau-
fes, mit möglichst wenigen Wörtern, auf den Leser den
richtigen Eindruck zu machen.

Wenn in einer deutschen Firma eine Stelle offen ist, so wird
sie zuerst innerhalb des Betriebes ausgeschrieben, dann in
der Stadt, dann im Land, dann darf sie innerhalb des

Gemeinsamen Marktes vergeben werden, bevor sie vielleicht jemandem angeboten wird, der nicht zum Gemeinsamen Markt gehört.

Der Fluß der Arbeiter innerhalb des Gemeinsamen Marktes ist unbehindert! Wenn eine Position von einer Person besetzt werden soll, die nicht aus einem Gemeinsamen Markt Land kommt, so bedarf es einer staatlichen Arbeitsgenehmigung*. Solche Genehmigungen sind ohne Hilfe einer Firma sehr schwer zu erhalten.

Man sollte sich daher mit den Annoncen in einer Zeitung etwas vertraut machen. Sie lauten etwa folgendermaßen:

> Marketingmanager für internationales Food-Markenartikelunternehmen bis Mitte 30, mittelfristige Karrierechance zum Marketingdirektor, Raum Norddeutschland, Englisch perfekt. EK um DM 135 000.

oder:

> Leiter Softwarenentwicklung (IBM 3038, MVS/IMS, Cobol) für Markenartikelunternehmen, Region Stuttgart, EK 100 000 DM.

Man selbst kann natürlich auch eine Annonce in die Zeitung setzen, die etwa folgendes sagen könnte:

> Kaufmännischer Leiter (42) mit einschlägigen Erfahrungen im Betriebsabrechnungsbereich der Chemieindustrie sucht entsprechende Position im Bereich Osnabrück. EK offen.

Wenn man endlich einen Interessenten für eine solche Anzeige gefunden hat, so schreibt man den Bewerbungsbrief*. Hier ist nicht immer das gute Zeugnis ausschlaggebend. Der Erfolg beruht oft darauf, einen Weg zu finden, den Leser so für den Verfasser zu interessieren, daß er zu einem Gespräch eingeladen wird. Und einen solchen Brief zu verfassen, ist nicht immer einfach!

Man muß sich darüber klar sein, daß man selten der einzige Bewerber für eine Position ist. Es ist in Deutschland üblich, neben einem Begleitbrief, einen Lebenslauf, eine Zeugnisabschrift, ein Lichtbild und wenn vorhanden, ein Empfehlungsschreiben automatisch einer Bewerbung beizufügen. Man sollte damit rechnen, keine dieser Anlagen zurückzubekommen. Auch sollte man sich überlegen, daß man

als Bewerber nicht beim Lesen dieses Briefes daneben steht
und sagen kann: "also, dieses bedeutet das, ... und das
bedeutet dies.., etc." Der Eindruck, den man machen will,
muß aus den Unterlagen hervorgehen. Eine zweite Chance
gibt es selten!

Wie in Amerika lesen sich Zusagen und Absagen von
eventuellen Arbeitgebern gleich. Beide sind oft absichtlich unpersönlich verfaßt. Sie beschäftigen sich nur mit
den Tatsachen und können etwa folgendermaßen klingen:

Einschreiben

Herrn
Richard Wassermann
Fernostgraben 119

8000 München

RW/kp   1.3.19..   RM/oa   Friedberg, den 13.3.19..

Betr.: Ihre Bewerbung

Sehr geehrter Herr Wassermann!

Wir sind sehr von Ihrer Bewerbung beeindruckt und möchten
Sie sehr gerne persönlich kennenlernen.

Wir möchten Sie darum zu einem persönlichen Gespräch bei
uns einladen. Bitte seien Sie am 18.3. 19.. um 14:30 Uhr in
unserer Personalabteilung in Friedberg .

Wir sehen dieser Begegnung mit großer Erwartung entgegen.

Hochachtungsvoll

Richart Martens
Personalleiter

133

Herrn
Richard Wassermann
Fernostgraben 119

8000 München

RW/kp   1.3.19..   RM/oa   Friedberg, den 13.3.19..

Betr.: Ihre Bewerbung vom 1.3.19..

Sehr geehrter Herr Wassermann!

Wir danken Ihnen für Ihre Bewerbung und Ihr Interesse in
unserer Firma. Leider können wir Sie für eine Stelle bei uns
nicht berücksichtigen. Wir fügen Ihre eingereichten
Unterlagen bei.

Hochachtungsvoll

Richart Martens
Personalleiter

Anlagen
Lebenslauf
Diplom
3 Empfehlungen
Lichtbild

IT CANNOT BE STRESSED ENOUGH HOW IMPORTANT IT IS, FOR A JOB
CONSIDERATION, TO CORRECTLY WRITE A RESUME, WHETHER ONE IS
GERMAN OR NOT.

Der Lebenslauf.

Obwohl es vorausgesetzt werden sollte, zeigt Erfahrung,
daß es nötig ist, immer wieder zu betonen, daß eine
Bewerbung k e i n e r l e i Fehler enthalten darf! Dazu
gehören: Verbesserungen, Radierungen, Streichungen,
Beschmutzungen!

Es sollte auch niemanden überraschen, wenn unter gegebenen Umständen, eine Firma nach einer handschriftlichen Bewerbung oder einem handschriftlichen Lebenslauf* fragt. Wie viele amerikanische Firmen viele Entscheidungen im Personalwesen auf Testbatterien basieren, so legen viele deutsche Firmen großen Wert auf Handschriftinterpretationen*. Was immer Sie darüber denken, ist einem zukünftigen Arbeitgeber uninteressant, denn er muß das Risiko einer Anstellung übernehmen und wird das auf die für ihn erfahrungsmäßig beste Art tun! Man wird auch nur für bestimmte Positionen Handschriften interpretieren lassen. Das Resultat einer solchen Interpretation ist nur für die Personalabteilung und den direkten Vorgesetzten. Sie darf nicht nach außen weitergeleitet werden.

Der Inhalt einer Bewerbung muß korrekt sein! Eine Bewerbung soll ausführlich sein, doch darf sie keine Novelle werden. Man muß einen Weg finden, der sich von den anderen Bewerbungen abhebt. Man soll nicht in Allgemeinheiten schreiben, sondern sehr spezifisch. Sagen Sie was Sie für Ihren zukünftigen Arbeitgeber tun können. Schreiben Sie nichts, was Sie später zurücknehmen müssen, weil Sie es übertrieben haben! So etwas k a n n falsch ausgelegt werden und Sie Ihre Position kosten!

Wenn einer Bewerbung Anlagen beigefügt werden, so achte man darauf, daß keine Originale angelegt werden, sondern nur Fotokopien oder Abschriften. Man bekommt diese Anlagen meistens nicht zurück.

Man kann auch heute noch einen deutschen Lebenslauf auf 2 Arten schreiben. Entweder in Form eines Aufsatzes, was oft das Alter des Verfassers verrät, oder in statistischer Form. Man beachte aber folgende Tatsachen, bevor man als Ausländer einen solchen Lebenslauf schreibt:

Ein Lebenslauf ist eine Biographie, keine "Public Relations Campaign"! Als Ausländer übersetze man weder: Degrees, Titel,Adressen, etc. Man lasse sich nicht von dem alten Sprichwort:"Papier ist geduldig!" beherrschen.

Ein Lebenslauf soll auch keine zeitlichen Lücken aufweisen, die länger als 6 Monate sind. Man erkläre sie, wenn möglich, nicht mit: " persönlichen Angelegenheiten".

L E B E N S L A U F

Ich, Werner Heinemeyer, wurde am 1. Juni, 1963 als Sohn des
Elektroingeneurs Herbert Heinemeyer und seiner Ehefrau
Lisa, geborene Baumann, in Marburg an der Lahn geboren. Von
Ostern 1969 bis Herbst 1974 besuchte ich die Grundschule in
Marburg. Vom Herbst 1974 bis Ostern 1982 besuchte ich das
Gymnasium in Hannover, wo ich im gleichen Jahr das Abitur
gemacht habe. Seit November 1982 habe ich bei der Firma
Richard Wagner, Maschinenbau, GmbH., Offenbach am Main,
eine kaufmännische Lehre gemacht, die ich vor einem Monat
bestanden habe.

Unterschrift

Oder:

Lebenslauf

1. Juni, 1963	geboren in Marburg an der Lahn als Sohn des Elektroingeneurs Herbert Heinemeyer und seiner Ehefrau Lisa, geborene Baumann.
Ostern 1969 bis Herbst 1974.	Grundschule in Marburg.
Herbst 1974 bis Ostern 1982	Gymnasium in Hannover. Abitur
November 1982	Bei der Firma Richard Wagner, Maschinenbau GmbH., Offenbach am Main, kaufmänische Lehre gemacht.
November 1984	Prüfung bestanden

Unterschrift

oder:

Anton Wagemut   Hannover, den 16. 8. 19..

                            Lebenslauf

I. PERSÖNLICHES

NAME: Wagemut
VORNAME: Anton
GEBOREN: 16. 6. 1955
GEBURTSORT: Bodenfelde a.d. Weser
MILITÄRPFLICHT: geleistet
ELTERN: Oberregierungsrat Dr. Walter Wagemut
                 und seine Ehefrau Hannelore, geb. Ham,
                 Oberammergau, Berkettenweg 9
GLAUBENSBE-
KENNTNIS: evangelisch

II. SCHULBILDUNG

1961-1966   Grundschule Oberammergau
1967-1976   Gymnasium Oberammergau, Abitur
1976-1985   Johann Wolfgang Goethe Universität,
                 Frankfurt am Main, Doktor der Chemie.

III. BERUFLICHER WERDEGANG

1984   Praktikant im Labor, Farbwerke Hoechst
                 FFm. Hoechst.

                 Anton Wagemut.

Aus dem meistens reichhaltigen Feld der Bewerber sucht sich
der Personalbearbeiter einige Kandidaten für die engere
Wahl aus, um sich persönlich mit ihnen zu treffen und zu
unterhalten. Dazu schreibt der Personalbearbeiter einen
Brief an den Bewerber.

Die große Frage ist immer, wie unterscheidet sich ein
deutsches Vorstellungsgespräch* von einem amerikanischen?
Eigentlich sehr wenig. Der deutsche Personalchef hat
gewisse Themen, über die er nicht hinauskann.

Es ist natürlich im Interesse der Firma, ein totales Wissen
über den sich Vorstellenden zu bekommen. Es gibt aber
Dinge, die der Befragte verschweigen darf. Einige davon
sind: (Capital 5/83-141ff)

Der Bewerber braucht nicht über Vorstrafen zu berichten,

wenn sie nicht direkt mit der Position zu tun haben. Wenn sich ein Bewerber jedoch für eine Topposition bewirbt, muß er über alle Vorstrafen Auskunft geben.

Mit Ausnahme von ganz bestimmten Situationen braucht ein Bewerber keine Auskunft über Gewerkschaftszugehörigkeit zu geben.

Ein Bewerber braucht nicht über vergangene Krankheiten Auskunft zu geben, solange er nicht im Augenblick des Gespräches daran leidet und sie ihn bei seiner neuen Stellung nicht beeinträchtigen wird.

Auch bestehende Schwangerschaften brauchen nicht angegeben zu werden, solange man nicht eine Position haben möchte, bei der die Beschäftigte nicht schwanger sein darf.

Der Personalchef wird bestimmt über vorher geleistete Arbeit sprechen, über frühere Mitarbeiter, über wie sich der Bewerber seine Zukunft bei der Firma gedenkt, warum er sich hier bewirbt, etc. Wie man sieht unterscheidet sich hier nicht viel von amerikanischen Fragen.

Wenn man sich die Frage stellt, wie man gegen die Konkurrenz im Rennen liegt, so ist das eine schwierige Frage. Entscheidend sind hierbei nämlich die Einstellungskriterien der einzelnen Firmen.

Hier sind oft nicht die Noten von der Universität ausschlaggebend, sondern der Eindruck des Bewerbers im Sinne seiner Persönlichkeit mit Teamgeist. Bei Hochschulabsolventen scheint es, daß etwa jeder 6. Bewerber eingeladen und etwa jeder 7. angestellt wird.(DUZ 18/1985)

Wenn diese Vorstellungsgespräche zur beiderseitigen Zufriedenheit verlaufen sind und alle mündlichen Verabredungen gemacht worden sind, so ist es in Deutschland gesetzlich vorgeschrieben, einen Anstellungsvertrag* zu vergeben. Ein standard Anstellungsvertrag enthält etwa 14 Punkte, die für beide Teile von großer Wichtigkeit sind:

1. Neben dem Namen des Anzustellenden: Das Datum des Arbeitsbeginns und die genaue Bezeichnung des Arbeitsgebietes. Sowohl als auch Regeln über eventuelle Nebenbeschäftigungen.

2. Die Kündigungsfristen: Regeln unter welchen beide Teile einander kündigen können. Diese Zeiten ändern sich von Position zu Position.

3. Das Gehalt. Den DM Betrag, wie er auszuzahlen ist. Auf welches Konto.

4. Gratifikationen und andere Zuwendungen.

5. Arbeitskleidung. Wem sie gehört, wer sie kauft, was beim Ausscheiden mit der Kleidung geschieht.

6. Urlaub. Wieviel pro Jahr, wann, unter welchen tariflichen Bestimmungen.

7. Verschwiegenheitspflicht.

8. Krankheit: Wie sich Arbeitgeber und Arbeitnehmer bei einer Krankheit, einer dritten Person, wie Arzt, etc. zu verhalten haben.

9. Versäumnisgebühr: Eventuelle Schadenersatzregeln, falls der Angestellte seine Stellung nicht antritt oder unentschuldigt fehlt.

10. Tarif. Ein Hinweis unter welche Rahmenverträge diese Anstellung fällt.

11. Personalblatt. Einen Hinweis auf die geltende Betriebsordnung unter der der Angestellte arbeitet.

12. Besondere Vereinbarungen.

13. Sonstige soziale Einrichtungen. Sportanlagen, Sanatorien, etc.

14. Betriebliche Altersversorgung. Als Zusatz zur Rentenversicherung.

Unterschriften des Arbeitgebers und des Arbeitnehmers.

Diese Arbeitsbedingungen können von Firma zu Firma etwas variieren. Auch werden sie von Position zu Position verschieden sein, das heißt, ob sie im Einzelhandel, Großhandel oder in der Industrie ausgegeben werden. Auch kann es einen sehr großen Unterschied zwischen Stundenlohnempfängern und Gehaltsempfängern geben.

Jeder Arbeitnehmer erhält bei der Einstellung eine Betriebs-* oder Arbeitsordnung*. Der Inhalt dieser Arbeitsordnung variiert von Firma zu Firma insofern, daß jede Firma ihre eigenen Eigenheiten und Produktionsanlagen

139

hat.

Die Betriebsordnung gibt dem Arbeitnehmer Auskunft über
die Umstände unter denen er bei einer bestimmten Firma
arbeitet: z. B. über das Arbeitsverhältnis, die Arbeits-
zeit, Sicherheitsvorschriften, Ordnungsvorschriften, Bezahlung, Urlaub, Verbesserungsvorschläge, Firmenein-
richtungen: ärztliche Versorgung, Beteiligungen, etc.;
Schutzrechte, Beschwerderechte, Kündigung.

Ein solches Dokument ist so um die 30-40 Seiten lang und ist
mit Hilfe von Betriebsvereinbarungen negotiiert und
akzeptiert worden.

Wenn man keinen vorgedruckten Vertrag bekommt, so wird man
doch ein Einstellungsschreiben erhalten, in dem das
Gleiche wie im Vordruck steht, nur daß es in Form eines
Briefes verfaßt ist. Dies geschieht oft, wenn eine Position
außertariflich vergeben wird. Das ist sehr oft bei
Toppositionen der Fall.

Ü B U N G E N

Write your resume and a cover-letter to: Walter and Baum
KG.,
Hammgraben 22-30, 4400 Münster/Westfalen, attn.: Personnel. You have seen a want ad in Frankfurter Allgemeine
Zeitung that seems to list all the things that you feel are
your strongest areas of concentration in your studies. The
only problem with this ad is, you do not have any working
experience. Sell yourself, the German way!

V O K A B E L N

Abitur,n	- high school diploma
Allgemeinheit,f	- generality
Angelegenheit,f	- matter
Anlage,f	- enclosure
Anstellung,f	- employment
Anzeige,f	- advertisement
Arbeitgeber,m	- employer
Arbeitsamt,n	- employment office(government)
Auskunft,f	- information
auslegen	- interpret,to
Ausnahme,f	- exception

140

Bewerber,m	- applicant
Bewerbung,f	- application
Bewerbungsbrief,m	- letter of application
Biographie,f	- biography
curriculum vitae	- resume
Eindruck,m	- impression
Einstellungskriterium,n	- employment criteria
Entscheidung,f	- decision
Erfahrung,f	- experience
erklären	- explain,to
Gesuch,n	- position wanted
Grundschule,f	- elementary school
Gymnasium,n	- high school
handschriftlich	- handwritten
Interpretation,f	- interpretation
Kandidat,m	- candidate
kaufmännische Lehre,f	- apprenticeship in business
Lebenslauf,m	- resume
Lehrstelle,f	- apprenticeship
Lücke,f	- gap
Maschinenbau,m	- mashine design
Mitarbeiter,m	- co-worker
Original,n	- original
Personalangelegenheit,f	- personnel matter
Resultat,n	- result
Risiko,n	- risk
Stellenangebot,n	- job offer
Teamgeist,m	- team spirit
übertreiben	- overdo,to
unterscheiden	- differenciate,to
Verbesserung,f	- correction
Vorstellungsgespräch,n	- interview

141

weiterleiten	- forward to, to
Wissen, n	- knowledge
Zeugnis, n	- transcript

THE "Branchenschlüssel" IS A TOOL TO IDENTIFY AND FIND ALL
GERMAN COMPANIES IN REFERENCE WORKS. YOU WILL FIND
RERERENCES TO THESE NUMBERS BEHIND ALL COMPANIES IN SUCH
BOOKS AS: Wer liefert was; Wer gehört zu wem? or
Einkaufseinmaleins, etc.

Deutscher Branchenschlüssel.

000   Land-, Forstwirtschaft, Fischerei

100   Bergbau, (Kohle, Erze, Salze, Erdölgewinnung,
         etc.)
101   Gewinnung und Verarbeitung von Steinen, Erden
         und grobkeramischen Erzeugnissen.

200   Energiewirtschaft (Elektrizität, Gas, Wasser,
         Atom)

300   Eisen- und Stahlerzeugung, Stahlbau und Gie-
         ßereien)
301   NE.-Metallindustrie
302   Maschinenbau
303   Schiffbau
304   Straßen- und Luftfahrzeugbau
305   Elektrotechnik (inkl.Datenverarbeitung)
306   Feinmechanik und Optik
307   Herstellung von EBM-Waren

400   Mineralölverabeitung und Kohlenwertstoffindu-
         strie
401   Chemische und Pharmazeutische Industrie,
         Chemiefaserherstellung und Kunststofferzeugung
402   Gummi- Asbest- und Kunststoffverarbeitung
403   Feinkeramische- und Glasindustrie
404   Holzbearbeitung und Holzverarbeitung
405   Papiererzeugung und -verarbeitung(Pappe, Zell-
         stoff), Druckereigewerbe
406   Ledererzeugung und -verarbeitung, inkl. Schuhe
407   Textil- und Bekleidungsgewerbe
408   Brauereien und Mälzereien
409   übrige Nahrungs- und Genußmittel
410   Herstellung von Musikinstrumenten, Sportgerä-
         ten, Spielwaren und Schmuckwaren.

500	Bau- und Bauhilfsgewerbe inkl. Anlagenbau

600	Großhandel
601	Einzelhandel
602	Verlagswesen

700	Schienenbahnen, Straßen und Luftverkehr inkl. Seilbahnen
701	Schiffahrt
702	Verkehrsneben- und -hilfsgewerbe (Speditionen und Lagerei, inkl. Kühlhäusern)

800	Kreditinstitute, Bausparkassen
801	Versicherungsgewerbe

900	Wohnungsunternehmen, Grundstückwesen, Vermögensverwaltung.
901	Gaststätten- und Beherbergungswesen
902	übrige Dienstleistungen inkl. Holdings

Wichtige Geschäftsadressen:

Arbeitsgemeinschaft der Deutschen Exporteurvereine
Gotenstrasse 21
2000 Hamburg 1
WEST GERMANY

Ausstellungs-und Messe-Ausschuß
der Deutschen Wirtschaft e. V. AUMA
Lindenstraße 8
5000 Köln 1
WEST GERMANY
Tel.: 21 90 91-93

Botschaft der Vereinigten Staaten von Amerika
Deichmanns Aue
5300 Bonn 2
WEST GERMANY
Tel.: 02 28-3 39-33 90

Bundesstelle für Außenhandelsinformation
Blaubach 13
5000 Köln 1
WEST GERMANY
Tel.: 2 05 71

Bundesverband der Deutschen Industrie (BDI)
Gustav-Heinemann Ufer 84-88
5000 Köln 51
WEST GERMANY
Tel.: 3 70 81

Bundesverband Deutscher Banken e. V.
Mohrenstr. 35-41
5000 Köln 1
WEST GERMANY

Bundesverband Deutscher Marktforscher e. V.
Eulenkamp 14
2000 Hamburg 70
WEST GERMANY

Commission of the European Community
200, rue de Loi
B-1049 Brussels
BELGUIM

Deutscher Industrie- und Handelstag (DHIT)
Adenauerallee 148
5300 Bonn 1
WEST GERMANY
TEL.: 104-0

Deutscher Gewerkschaftsbund (DGB)
Hans-Böckler Straße 39
4000 Düsseldorf 30
WEST GERMANY
TEL.: 4 30 11

Deutsche Zentrale für Tourismus e.V.
Beethovenstraße 69
6000 Frankfurt am Main
WEST GERMANY
TEL.: 75 72-0

Embassy of the Federal Republic of Germany
4645 Reservoir Road N.W.
Washington, D.C. 20007-1998
USA
Tel.: (202) 298-4000

Fremdenverkehrsamt der USA
Rossmarkt 10
6000 Frankfurt am Main 1
WEST GERMANY
Tel.: 06 11-29 52 11

German American Chamber of Commerce, Inc.
666 Fifth Avenue
New York, New York 10103
USA
Tel.: (212) 974-8830

German Information Center
410 Park Avenue
New York, New York 10022
USA
Tel.: (212) 888-9840

German National Tourist Office
747 Third Avenue, 33rd floor
New York, New York 10019
USA
Tel.: (001-212) 308-3300

Goethe Institut, Zentrale
8000 München 2
Lenbachplatz 3
Postfach 201009
WEST GERMANY
Tel.: 9 99 91

Institut für Auslandsbeziehungen (IFA)
Charlottenplatz 17
8000 München 19
WEST GERMANY
Tel.: 2 22 50

International Chamber of Commerce
38, Cours Albert
F-75008 Paris
FRANCE

Inter Nationes e.V.
Kennedyallee 91-103
5300 Bonn 2
WEST GERMANY
Tel.: 88 01

147

Statistisches Bundesamt
Postfach 5528
Gustav-Stresemann-Ring 11
6200 Wiesbaden
WEST GERMANY

US Agricultural Trade Office
Große Theaterstraße 42
2000 Hamburg 36
WEST GERMANY
TEL.: 040-34 12 07

United States Information Service
Baumwollbörse
Zimmer 67
Wachtstraße 17/24
2800 Bremen
WEST GERMANY
Tel.: 04 21 - 32 71 11

Verband beratender unabhängiger Ingenieurfirmen e. V.
Winston-Churchill Straße 1
5300 Bonn 1
WEST GERMANY

Verband der Automobilindustrie e. V.
Postfach 174249
Westendstraße 61
6000 Frankfurt am Main
WEST GERMANY

Verband Deutscher Adressbuchverleger e. V.
Ritterstraße 17
4000 Düsseldorf
WEST GERMANY

Verein Deutscher Maschinenbauanstalten e. V.
Postfach 710109
Lyonerstraße 8
6000 Frankfurt am Main 71
WEST GERMANY

Wissenschaftszentrum Berlin (WZB)
Griegstraße 5
1000 Berlin 12
WEST GERMANY
Tel.: 030-826 30 71

Zentralverband der Elektrotechnischen Industrie, e. V.
Postfach 700969
Stresemann Allee 19
6000 Frankfurt am Main 70
WEST GERMANY

NOTIZEN:

Deutsche Postleitzahlen (Auswahl)

1000	Berlin
2000	Hamburg
2120	Lüneburg
2160	Stade
2250	Husum
2280	Westerland
2300	Kiel
2390	Flensburg
2400	Lübeck
2800	Bremen
2850	Bremerhaven
2900	Oldenburg
2940	Wilhelmshaven
3000	Hannover
3100	Celle
3250·	Hameln
3300	Braunschweig
3400	Göttingen
3450	Holzminden
3500	Kassel
4000	Düsseldorf
4100	Duisburg
4150	Krefeld
4300	Essen
4400	Münster
4500	Osnabrück
4600	Dortmund
4800	Bielefeld
5000	Köln
5100	Aachen
5300	Bonn
5400	Koblenz
5500	Trier
5600	Wuppertal

6000	Frankfurt
6100	Darmstadt
6200	Wiesbaden
6300	Gießen
6400	Fulda
6450	Hanau
6500	Mainz
6600	Saarbrücken
6750	Kaiserslautern
6800	Mannheim
6900	Heidelberg
7000	Stuttgart
7100	Heilbronn
7410	Reutlingen
7500	Karlsruhe
7530	Pforzheim
7900	Ulm
8000	München
8300	Landshut
8400	Regensburg
8500	Nürnberg
8580	Bayreuth
8600	Bamberg
8700	Würzburg
8730	Bad Kissingen
8750	Aschaffenburg
8900	Augsburg

Eine Auswahl in Deutschland üblicher Abkürzungen:

A

A. A.	Auswärtiges Amt
a.a.O.	am angeführten Ort
Abb.	Abbildung
Abf.	Abfahrt
Abh.	Abhandlung
Abk.	Abkürzung
Abs.	Absatz
abs.	absolut
Abschn.	Abschnitt
Abt.	Abteilung
a.D.	Außer Dienst
ADB.	Allgemeine Deutsche Biographie
ADGB.	Allgemeiner Deutscher Gewerkschaftsbund
Adgo.	Allgemeine deutsche Gebührenordnung
AG.	Aktien Gesellschaft; Atomgewicht
Anfr.	Anfrage
Ang.; Angeb.	Angebot
Anh.	Anhang
Ank.	Ankunft
Anl.	Anlage
Anm.	Anmerkung
Art.	Artikel
ASKI.	Ausländersondekonten für Inlandszah-lungen
Aufl.	Auflage
Ausl.	Ausland

B

Bd.	Band
Bearb.	Bearbeiter oder Bearbeitung
Bem.	Bemerkung
bes.	besonders
betr.	betreffend
Betr.	Betreff
bev.	bevollmächtigt
BGB.	Bürgerliches Gesetzbuch

153

Bhf.	Bahnhof
bildl.	bildlich
b.w.	bitte wenden
bzw.	beziehungsweise

C

ca.	circa
CC.	Corps Consulaire
CD.	Corps Diplomatique
CEEC	Committe of European Economic Cooperation
CM.	Chef de Mission

D

DB.	Deutsche Bundesbahn
DBP.	Deutsche Bundespost
DDR	Deutsche Demokratische Republik
dgl.	desgleichen
d.h.	das heißt
DHZ.	Deutsche Handelszentralen (in der DDR)
DIN	Deutsche Industrie Norm
d.M.	dieses Monats
DM	Deutsche Mark
do.	ditto
DPA	Deutsche Presse Agentur
Dtzd.	Dutzend
D-Zug	Durchgehender Zug

E

E.G.m.b.H.	Eingetragene Genossenschaft (beschränkter Haft)
e.h.	ehrenhalber
ehm.	ehemalig
EVG	Europäische Verteidigungsgemeinschaft
E-Zug	Eilzug

154

F

ff. (ff)	folgende
F.O.	Foreign Office
Frl.	Fräulein
frdl.	freundlich

G

GBO	Grundbuchordnung
geb.	geboren
Gebr.	Gebrüder
gegr.	gegründet
Gew.O.	Gewerbeordnung
gez.	gezeichnet
GmbH.	Gesellschaft mit beschränkter Haftung
gr.	Gramm

H

ha	Hektar
Hbf.	Hauptbahnhof
HGB.	Handelsgesetzbuch
hl	Hektoliter
hrsg.	herausgegeben

I

i.A.	im Auftrag
I. A. A.	Internationales Arbeitsamt
IBFG.	Internationaler Bund Freier Gewerkschaften

IG	Interessengemeinschaft
IHK.	Internationale Handelskammer
i.J.	im Jahre
Inh.	Inhalt
i.V.	in Vertretung
i.W.v.	im Werte von

K

KB-Rente	Kriegsbeschädigten Rente
Kfz.	Kraftfahrzeug
kg	Kilogramm
K.G.	Kommanditgesellschaft
km	Kilometer
KO	Konkursordnung
k.T.	konkreter Tatbestand
KW	Kurzwelle
K.Z.	Kurszettel

L

l.	Liter
lfd.	laufend
Lfg.	Lieferung
Lkw	Lastkraftwagen
LPG	Landwirtschaftl. Produktonsgenos- senschaft (DDR)
LS.	Luftschutz
lt.	laut
LW	Langwelle

M

m	Meter
m.A.n.	meiner Ansicht nach
M.d.B.	Mitglied des Bundestages
m. E.	meines Erachtens

Mehrz.	Mehrzahl
mg.	Milligramm
mitt.	mittels
mm	Millimeter
mot	motorisiert
m./R	meine Rechnung
Mz.	Mehrzahl
m.Z.	mangels Zahlung

N

Nachf.	Nachfolger
Nachn.	Nachnahme
n.M.	nächsten Monats
Nr.	Nummer
N.Z.	Normalzeit

O

O.B/Obbue.	Oberbürgermeister
o.B.	Ohne Beruf
o.dgl.	oder dergleichen
OEECD.	Organiz. for Economic Cooperation & Development
OEEC.	Organization for European Economic Cooperation
o.k.	in Ordnung
OPD.	Oberpostdirektion

P

p. A.	per Adresse
Pfd.	Pfund
Pkt.	Punkt
Pkw.	Personenkraftwagen
p.pa.	per procura
p.t.	pro tempore

Q

q	Quadrat
qcm	Quadratzentimeter
qkm	Quadratkilometer
qm	Quadratmeter
qmm	Quadratmillimeter

R

Rab.	Rabatt
Rdfk.	Rundfunk
resp.	respektive

S

s.	siehe
S.	Seite
s.o.	siehe oben
sof.	sofort
sog.	sogenannt
s.S.	siehe Seite
Std.	Stunde
St.GB.	Strafgesetzbuch
Str.	Straße
s.u.	siehe unten

T

Tel.-Adr.	Telegrammadresse
teilw.	teilweise
TH.	Technische Hochschule
TO.A.	Tarifordnung A (Angestellte Öffentlicher Dienst)

U

u.a.	unter anderem
u.A.w.g.	um Antwort wird gebeten
u.ff.	und folgende
usf.	und so fort
usw.	und so weiter
u.U.	unter Umständen

V

Vfg.	Verfügung vom
vgl.	vergleiche
v. M.	vorigen Monats
VO.	Verordnung
vorm.	vormals
Vors.	Vorsitzender
V.St.A.	Vereinigte Staaten von Amerika

W

WEU.	Westeuropäische Union
WEZ.	westeuropäische Zeit (=G.M.T.)
WGB	Weltgewerkschaftsbund
wiss.	wissenschaftlich
WO.	Wechselordnung
Wwe.	Witwe

Z

z.B.	zum Beispiel
zgl.	zugleich
z.H.v.	zu Händen von
Zt.	Zeit
z.T.	zum Teil
z.Zt.	zur Zeit

NOTIZEN:

Maße und Gewichte.

Längenmaße

1 inch	= 25,400 mm	1 mm	= 0,039371 inch
1 foot (ft)	= 30,479 cm		
1 yard	= 91,44 cm		
1 foot	= 0,30479 m	1 m	= 3,2809 feet
1 furlong	= 207,17 m		
1 mile	= 1,60931 km	1 km	= 0,62137 mile

Flächenmaße

1 Quadratmeter (qm)	= 10 000 qcm = 10 765 sq. ft.
1 square foot	= 0,09290 qm
1 square inch	= 6,45 qcm
1 square yard	= 0,836 qm
1 acre	= 0,40467 ha.
1 ha	= 2,4711 acres
1 Ar = 100 qm	= 119,599 sq.yd.
1 Hektar (ha)= 100 Ar	= 2,4711 acres
1 square mile	= 2,5889 qkm
1 Quadratkilometer	= 100 ha = 1 000 000 qm
	= 247,11 acres

Raum- und Hohlmaße

1 cubic inch	= 16, 386 ccm 1 ccm
	= 0,06103 inch
1 cubic inch	= 28, 32 cdm
1 cubic yard	= 0,76*46 cbm
1 cubic foot	= 0,02832 cbm 1 cbm
	= 35,317 cft
1 Kubikmeter (cbm)	= 1 000 Kubikdezimeter
	= 1 000 000 cbmm
1 Liter (l)	= 1 cdm = 2,144 US-pints
1 Hektoliter (hl)	= 100 l = 26,41 US-gallons

161

Flüssigkeitsmaße

1 US-gallon	= 4 quarts	= 3,7870 Liter
1 US-pint	= 0,473 Liter	
1 barrel	= 42 gallons	= 159,054 Liter
1 US-quart	= 2 pints	= 0,94675 Liter

Gewichte

1 Pfund	= 500 Gramm (gr)	= 0,5 kg
1 kg	= 1 000 gr	= 2 Pfund
1 ounce (oz)	= 28,350 Gramm	
1 pound (1b)	= 16 ounces	= 453,59 gr
1 stone (st)	= 14 pounds	
	= 6,35 Kilo (kg)	
1 US-hundredweight	= 45, 359 kg	
1 long ton	= 1,0160 t	
1 ton	= 0,98421 long ton	
1 long ton	= 20 cwt	= 1016,05 kg
1 short ton	= 0,90718 t	
1 ton	= 1,10231 short ton	
1 short ton	= 907,185 kg	

Feinmetallgewichte

1 ounce	= 31,104 gr
1 pound	= 373,25 gr
1 pennyweight	= 1,555 gr
1 grain	= 0,065 gr

Umrechnungsformel von Celsius nach Fahrenheit (Temperatur)

Degrees F = 9 : 5 x (C + 32)

Degres C = (F - 32) x 5 : 9

Kleidergrößen

__HERREN__ - __Anzüge__, __Mäntel__, __Pullover__, __Strickwesten__,
__Schlafanzüge.__

USA	34	36	38	40	42	44
BRD	44	46	48	50	52	54

__HERREN__ - __Hemden__

USA	14	141/2	15	151/2	16	161/2
BRD	36	37	38	39	40	41

__HERREN__ - __Hüte__

USA	67/8	7	71/8	71/4	73/8	71/2
BRD	55	56	57	58	59	60

__HERREN__ - __Schuhe__

USA	61/2	7	71/2	8	81/2	9	91/2
BRD	39		40		41		42

__KINDER__ - __Kleider__ und __Anzüge__

USA	2	4	6	8	10	12
BRD	40-45	50-55	60-65	70-75	80-85	90-95

__MISSES__ - __Kleider__, __Mäntel__, __Kostüme__, __Röcke__

USA	10	12	14	16	18	20
BRD	38	40	42	44	46	48

__WOMEN'S__ - __Kleider__, __Mäntel__, __Kostüme__, __Röcke__

USA	34	36	38	40	42	44
BRD	42	44	46	48	50	52

JUNIOR - Kleider, Mäntel, Kostüme, Röcke

USA	7	9	11	13	15	17
BRD	34-36	36-38	38-40	40-42	42-44	44-46

DAMEN - Blusen, Pullover, Strickwesten

USA	30	32	34	36	38	40
BRD	38	40	42	44	46	48

DAMEN - Strümpfe

USA	8	81/2	9	91/2	10	101/2
BRD	0	1	2	3	4	5

DAMEN - Schuhe

USA	5	51/2	6	61/2	7	71/2
BRD	35		36		37	

Preise der Deutschen Bundespost:

Standard Brief bis zu 20g innerhalb BRD: DM 0,80
             bis zu 50g innerhalb BRD: DM 1,30

Einfache Postkarte innerhalb der BRD: DM 0,60

Standarddrucksache innerhalb BRD: DM 0,50
Drucksache bis zu 50g innerhalb BRD: DM 0,80

Büchersendung bis zu 100g innerhalb BRD: DM 0,50

Wurfsendungen bis zu 10g innerhalb BRD: DM 0,12

Pakete bis 5kg innerhalb 150km in BRD:' DM 4,40
                          300km in BRD: DM 4,60
                     über 300km in BRD: DM 4,80

Für alle weiteren genauen Informationen über Postge-
bühren schlage man im Postgebührenheft der Deutschen
Bundespost nach, das kostenlos an jedem Schalter erhältlich ist.

Books Consulted:

Alles über Geld. Bayerische Vereinsbank. Bank Verlag, Köln, 19787.

Bäumchen, Hans. Der Kaufmann. Huebner Verlag. München, 1969.

Burghardt, Ludwig. So schreibt der Einzelhändler. Hans Holzmann Verlag, Bad Wörishofen, 1968.

Deutsche Fachtexte aus Recht und Wirtschaft. 3. Auflage. Hueber Verlag, München, 1968.

Doing Business in Germany. Müller-Stiefel-Bücher. Fritz Knapp Verlag, Frankfurt am Main, 1972.

Feldkeller, Paul. Der Brief des Kaufmanns. 12. Auflage. Ullstein Verlag GmbH., Frankfurt am Main, 1966.

Gabler, Th., Dr.. Praktisches Kaufmannswissen. Handbuch für alle kaufmännischen Bereiche. Dr. Gabler Betriebswirtschaftlicher Verlag, Wiesbaden, 1974.

How to approach the German Market. German Trade Information Office, Cologne, 1978.

Im Kreislauf der Wirtschaft. Bank Verlag, Köln, 1974.

Neues Bank- und Börsen- ABC. Bayerische Vereinsbank. Bank Verlag GmbH., Köln, 1978.

Oft verwendet - kurz erklärt. Bayerische Vereinsbank. 8. Auflage. Bank Verlag, Köln, 1978.

165

Regeln für Maschinenschreiben DIN 5008. Deutsches Institut für Normung e. V.. Beuth Verlag GmbH., Berlin, 1975.

Runland, Erich. Erfolgsberuf: Geprüfte Sekretärin. 3. Auflage. Ruhland Verlag, Frankfurt am Main, 1981.

The Basic Law for the Federal Republic of Germany. German Information Center, New York, 1968.

Thiel, Gladigau. Gutes Deutsch. Gute Briefe. 9. Auflage. Georg Westermann Verlag, Braunschweig, 1968.

Unternehmensorganisation. Rororo Verlag, München, 1962.

Wer gehört zu wem? Commerzbank. 11. Auflage, April 1975.

Vokabeln.

DEUTSCH - ENGLISCH

(Alle Übersetzungen beziehen sich auf diesen Text!)

f = feminin   m = masculin   n = neuter genders.

A

abändern	- change,to
Abitur,n	- high school diploma
Ablage,f	- file
ablehnen	- decline,to
Ablehnung,f	- refusal
Absatz,m	- paragraph
Abschnitt,m	- paragraph
absichern, sich	- ensure,to
Abweichung,f	- deviation; variation
Adreßbuch,n	- address book
Adresse,f	- address
Adreßkarte,f	- address label; address tag
ändern	- change,to
Änderungswunsch,m	- desired change
akzeptieren	- accept,to
Akzept vorlegen	- present for signature
Allgemeinheit,f	- generality
Angabe,f	- notation
Angaben,f (plural)	- data; particulars
Angebot,n	- offer
Angebotsänderung,f	- change of offer
anerkennen	- recognize,to
Anhänger,m	- tag
Anlage,f	- enclosure; investment
Annahme,f	- acceptance
Annahmefrist,f	- terms of acceptance
Annahmevermerk,m	- notation of acceptance
Annahmeverweigerung,f	- refusal to accept

167

Annahmeverzug,m	- refusal of acceptance
annehmen	- accept,to; approve,to
Anrecht,n	- claim
anschreiben	- contact,to; write to,to
Anschrift,f	- address
Anspruch,m	- claim
Anstellung,f	- employment
Antrag,m	- application
Anzeige,f	- advertisement
Arbeitgeber,m	- employer
Arbeitsamt,n	- employment office (government)
Art,f	- kind
Aufgabepostamt,n	- postoffice of dispatch
auffordern	- request,to
Aufforderungsschein,m	- order slip; request for..
Aufklebeadresse,f	- address label
Aufstellung,f	- statement; list; bill
Aufteilung,f	- division; distribution
Auftrag,m	- order
Auftraggeber,m	- customer; buyer
Aufzeichnung,f	- record
Ausführung,f	- execution
ausgleichen	- balance,to; settle,to;
	- equalize,to
Aushändigung,f	- surrender; delivery
Auskunft,f	- information
Auskunft geben	- inform,to
Auskunftei,f	- detective agency (business)
Auslandswechsel,m	- foreign draft
auslegen	- interpret,to; pre-pay
ausmachen	- draw,to
Ausnahme,f	- exception
ausschreiben	- draw,to (draft or check)
Aussteller,m	- exhibitor (fair); drawer
	- (draft)
Ausstellung,f	- exhibition; fair; draw
auszahlen	- pay-out,to
Autofrachtschein,m	- bill of lading (truck)
Autofrachtbrief,m	- bill of lading (truck)

B

Bahnbehälter,m	- railroad container
bahnlagernd	- stored at railroad station
bar	- cash

bargeldlos:	- ready money (without cash)
Zahlungsverkehr	- money transactions (no cash)
Barzahlung,f	- cash payment
Beanstandung,f	- objection; complaint; protest
Bearbeitungsvermerk,m	- processing entry
Bedingung,f	- condition
Beförderungspflicht,f	- obligation to transport
	- (monopoly)
Beförderungsvermerk,m	- transportation notation
	- (document)
Beförderungsvertrag,m	- conveyance contract;
	- shipping contract
begleiten	- accompany,to
Begleitpapier,n	- way bill; (railroad,ship,
	- truck,)
Begleitschein,m	- way bill (truck)
Begründung,f	- reason, foundation
begutachten	- appraise,to; evaluate,to
Behandlungsgebühr,f	- handling charges
Behandlungsvermerk,m	- comment for method of
	- treatment
Behördenbrief,m	- governmental letter
beifügen	- enclose,to
Beleg,m	- receipt; voucher
Beleidigung,f	- offence; insult,to
benachrichtigen	- contact,to; inform,to
bereithalten	- make available,to
Berichtigung,f	- adjustment; amendment
Bestandteil,m	- component
bestätigen	- acknowledge,to
Bestätigung,f	- confirmation
Bestätigungsbrief,m	- letter of acknowledgement
bestellen	- order,to
Bestellung,f	- order
Bestellungsannahme,f	- order acceptance
Bestimmung,f	- rule, law
Bestimmungsort,m	- point of destination
Bestimmungspostamt,n	- post office of destination
Betrag,m	- amount
Betreff,m	- reference
beurteilen	- appraise,to; evaluate,to
Bewerber,m	- applicant
Bewerbung,f	- application
Bewerbungsbrief,m	- letter of application
Bezahlung,f	- remittance
bezeichnen	- indicate,to
Bezeichnung,f	- indication
Bezogene,m	- drawee
Bezugsquelle,f	- source of supply

Bezugsquellenkartei,f	- directory of suppliers
-verzeichnis,n	- directory of suppliers
Bezugszeichen,n	- reference mark (Person)
Binnenschiffahrt,f	- inland shipping
Biographie,f	- biography
blanco	- blank
Branchenverzeichnis,n	- industry code (directory)
Briefaustausch,m	- exchange of letters
Briefblatt,n	- sheet of stationary
Briefhülle,f	- envelope
Briefkopf,m	- letter head
Briefmarke,f	- stamp
Briefpapier,n	- stationary
Briefumschlag,m	- envelope
Briefverkehr,m	- traffic in letters (post
	- office)
Buchung,f	- posting; entry
Buchungsgebühr,f	- service charge for posting
Bürgerliches Gesetzbuch	- civil law code
(BGB),n	
Bürgschaft,f	- collateral; guarantee (bank)

<u>C</u>

Chef,m	- boss
courtage	- brokerage
curriculum vitae	- resume

<u>D</u>

Datum,n	- date
Dienstleistung,f	- service
Diskont,m	- discount
Diskontsatz,m	- discount rate
Drahtwort,n	- telegraphic address
Drucksache,f	- printed matter
Durchschlag,m	- copy
durchsetzen	- carry out,to

170

E

Effekten,pl.	- stocks
Effektenbörse,f	- stock exchange
Eilbote,m	- special delivery
Eilgut,n	- express goods
eindeutig	- clear
Eindruck,m	- impression
Eingang,m	- receipt
Eingangsdatum,n	- date received
Eingangsstempel,m	- receipt stamp
einhalten	- abide by,to; conform with,to
einheitlich	- uniform
Einheitskosten,pl.	- unit costs
Einheitskurs,m	- standard rate
Einkauf,m	- procurement; purchase
Einkäufer,m	- buyer
Einkommen,n	- income; revenue
Einlage,f	- capital investment
Einlieferungsschein,m	- delivery receipt
einlösen	- honor,to; redeem,to
Einlösungsfrist,f	- time limit for redemption
Einschreiben,n	- registered
Einschreibebrief,m	- registered letter
Einspruch erheben	- lodge a protest,to
Einstellungskriterium,n	- employment criteria
Einzahler,m	- depositor
Einzelhandel,m	- retail business
Einzelkosten,pl.	- itemized costs
Einzelposten,m	- individual item
Einziehungsrecht,n	- right to collect
Einziehung,f	- collection
Einzelhandelsbetrieb,m	- retail shop
Einzugsverfahren,n	- collection procedure
Emissionsbank,f	- investment bank
Emissionskurs,m	- rate of issue
Empfangsbescheinigung,f	- receipt
Empfangsbestätigung,f	- acknowledgement of receipt
empfehlen	- recommend,to
empfehlenswert	- recommendable; advisable
Entscheidung,f	- decision
Ereignisfall,m(Versich.)	- event of loss (insurance)
Erfahrung,f	- experience
Erfolgsbilanz,f	- profit and loss statement
erforderlich	- necessary
erklären	- explain,to
Erlaß,m	- order; rule

Ersatzleistung,f	- replacement; compensation
Ersparnis,f	- savings
Erwerb,m	- acquisition
Expreßgut,n	- fast freight

F

Fabrikationskosten,pl.	- manufacturing cost
Fachzeitschrift,f	- trade journal; professional
	- journal
Fälligkeitsdatum,n	- due date
Fälschung,f	- forgery
Fehler,m	- error
Fensterhülle,f	- see-through-envelope
Firma,f	- Firm; manufacturer
Firmenbezeichnung,f	- company trade name
fixe Kosten,pl.	- fixed cost
Fixgeschäft,n	- future deal
Fixkauf,m	- fixed date purchase
Flugzeug,n	- air plane
Forderung,f	- outstanding debt
Formblatt,n	- form
Format,n	- format
Forschungsfortschritt,m	- research progress
Forstwirtschaft,f	- forrestry
Fracht,f	- freight
Frachtbrief,m	- bill of lading
Frachtgesellschaft,f	- freight forwarder
Frachtgut,n	- freight
Frachtkosten,f	- cost of freight
frankiert	- postage paid
franko	- postage paid (in advance)
Freibetrag,m (Steuer)	- tax exempt
freibleibend	- without obligation; subject
	- to change without notice
freimachen	- have postage prepaid,to
Fremdarbeit,f	- foreign labor
Fremdkapital,m	- outside capital
Funkspruch,m	- radiogram
Fusion,f	- fusion; merger
Fusionsbilanz,f	- consolidated balance sheet

Gebiet,n	- area
Gebühr,f	- service charge
Gebühr bezahlt	- postage paid; service charge - paid
Gefälligkeit,f	- favor
Gegenangebot,n	- counter offer
Gegenleistung,f	- return offer;
Geldbetrag,m	- amount of money
Geldersatzmittel,n	- substitute money; bookkeeping - money
Geldgeschäft,n	- monetary transaction
Geldmarkt,m	- money market
Geldsumme,f	- sum of money
Geldsurrogat,n	- substitute money
Geldersatzmittel	- substitute money
Geldumlauf,m	- circulation of money
Geldverkehr,m	- circulation of money
genehmigungsfrei	- without permit
Genossenschaftsbank,f	- mutual savings bank
Gerechtigkeit,f	- justice
Gerichtsort,m	- court location
Gerichtskosten,f	- court cost; venue
Geschäftsablauf,m	- course of business
Geschäftsbrief,m	- business letter
geschäftsmäßig	- business like (dealings)
Geschäftsverbindung,f	- business connection
Geschäftsverkehr,m	- business dealings
Geschäftsvorgang,m	- businesstransaction
Geschmack,m	- taste
Geschmacksveränderung,f	- change of taste (style)
Gesetz,n	- law
gesetzlich	- legally; lawfully
Gesichtspunkt,m	- point of view
Gesuch,n	- position wanted
Gewinn,m	- profit
Girobank,f	- clearing bank
Girokonto,n	- checking account
Girozentrale,f	- central clearing bank (Spar- - kassen)
Gläubiger,m	- creditor
Größe,f	- size
Großhandel,m	- wholesale
Grund,m	- reason
Grundschule,f	- elementary school
Grundstück,n	- property

Güterfernverkehr,m	- long distance goods traffic
	- (trucks)
Güternahverkehr,m	- short distance goods traffic
Güterrechtsregister,n	- property rights register
Güterverkehr,m	- goods traffic; flow of goods
Guthaben,n	- credit balance
gutschreiben	- credit,to
Gutschrift,f	- credit
Gymnasium,n	- high school

H

Haben,n	- credit; amount of credit
Haft,f	- liability; arrest;
	- imprisonment
haftbar	- liable
Haftbefehl,m	- arrest; warrent
Halbfabrikat,n	- semi-(finished) product
Handel,m	- trade
Handelsbank,f	- commercial bank
Handelsbeschränkung,f	- trade restriction
Handelsgesetz,n	- business law; business code;
	- commercial code
Handelsgewerbe,n	- commercial trade
Handelsgewinn,m	- trade margin; trading profit
Handelsgewohnheitsrecht	- presciptive law; customs of
	- merchants
Handelskammer,f	- chamber of commerce
Handelsregister,n	- trade register; official
	- register of firms
Handelsverkehr,m	- mercantile transactions
Handkasse,f	- petty cash
Handschrift,f	- handwriting
handschriftlich	- handwritten
Hauptverbraucher,m	- principal consumer
Haushaltsjahr,n	- fiscal year
Haushaltsplan,m	- budget
herkömmlich	- customary
Hersteller,m	- manufacturer
Hinweis,m	- indication; hint

174

Indossament,n	- endorsement
Inlandwechsel,m	- domestic draft
Inspektion,f	- inspection
Irrtum,m	- error
Interpretation,f	- interpretation

Jahreszeit,f	- season

Kandidat,m	- candidate
kaufmännisch	- business like
kaufmännische Lehre,f	- apprenticeship
Kaufvertrag,m	- contract
Kauf auf Probe,m	- trial purchase
Käufer,m	- buyer
Klausel,f	- clause
Klebezettel,m	- label
kleines Paket	- parcel
Kollege,m	- collegue
Kolonne,f	- column
Konjunkturausgleich,m	- compensation for market - fluctuation
Konkurs,m	- bankruptcy
Konto,n	- account
Kontoauszug,m	- statement
Kontoinhaber,m	- holder of an account
Kontokorrentkredit,m	- open credit
Kontonummer,f	- account number
Kostenersparnis,f	- cost savings
Kostenverlagerung,f	- shifting of cost
Kraftwagentarif,m	- motor vehicle tariff
Kredit,m	- credit
Kreditbank,f	- loan bank
Kreditgeschäft,n	- credit transaction

Kredit gewähren	- grant credit,to
Kreditmittel,n	- a line of credit (contractual)
Kreditvertrag,m	- credit contract
Kreditwürdigkeit,f	- credit worthiness
Kündigung,f	- notice of termination
Kunde,m	- customer
Kundenkreis,m	- customers; clientele
Kurs,m	- quotation (e.g.:stock)

L

Ladeliste,f	- bill of lading
Lager,n	- warehouse
Landeszentralbank,f	- central clearinghouse
Landwirtschaft,f	- farming
Lastschrift,f	- debit entry; debit note
Lebenslauf,m	- resume
Leertaste,f	- space (typewriter)
Leerzeile,f	- empty line (typewriter)
Lehrstelle,f	- apprenticeship
leisten	- fullfill,to; carry out,to
Leistung,f	- production; output; service
Lieferanzeige,f	- delivery announcement
Lieferer,m	- supplier; contractor; seller
Lieferung,f	- delivery; supply
Lieferungsanzeige,f	- delivery announcement
Lieferungsbedingung,f	- terms of delivery;
	- conditions of sale
Liefertag,m	- day of delivery; delivery date
Lieferverzug,m	- delay of delivery
Lücke,f	- gap
Luftpost,f	- air mail

M

Menge,f	- quantity
Mängel,m	- complaint
Mängelrüge,f	- complaint
Mahnbrief,m	- collection letter; request
	- for payment
mahnen	- remind,to; warn,to

176

Mahnung,f	- reminder; warning
Mahnverfahren,n	- default action; dumming
	- procedure
Marke,f	- stamp
Marktlage,f	- market condition
Maschinenbau,m	- mashine building (design)
Massenverkehr,m	- mass transport system
Menge,f	- quantity
Mengenrabatt,m	- volume discount
Menschenkenntnis,f	- judgement of character;
	- knowledge of human nature
Messe,f	- fair; exhibition; trade
	- convention
Mischsendung,f	- mixed shipment
Mitarbeiter,m	- co-worker; collegue
Muster,n	- sample

N

Nachgebühr,f	- postage due
Nachnahmeexpreßgut=	
sendung,f	- COD by express
Nachnahmesendung,f	- COD (cash on delivery)
Nachrichtenverkehr,m	- telecommunication traffic
	- (postal)
Nachtragung,f (P.S)	- postscript
Nahverkehr,m	- short distance traffic
nicht erforderlich	- not requested
Niederlassung,f	- branch; subsiderary
Notverkauf,m	- emergency sale

O

"oder Überbringer"	- "or carrier"; "or bearer"
Offenbarungseid,m	- oath of manifastation;
	- distraint
ohne Vorbehalt	- unconditionally
Original,n	- original
Ort der Ausstellung	- place of issuance

P

Pachtvertrag,m	- lease
Päckchen,n	- small package; parcel
Paket,n	- package; large parcel
Paketaufschrift,f	- address of a package
Paketkarte,f	- package form (postal)
Papiergröße,f	- paper size
Paragraph,m	- paragraph
per Eilbote	- special delivery
Personalangelegenheit,f	- personnel matter
Pfändung,f	- distraint; seizure (by
	- a court)
Postanweisung,f	- postal money order
Postgebühr,f	- postal rate
Postgebührenheft,n	- booklet of postage rates
Postgut,n	- parcel post
Postgutkarte,f	- parcel post form
Postgutsendung,f	- shipping parcel post
Postleitzahl,f	- zip code
Postscheckamt,n	- postal checking service
Postscheckverkehr,m	- postal check traffic
Postverkehr,m	- postal service
Postwurfsendung,f	- bulk mail
Preis,m	- price
Preisänderung,f	- price change
Preisliste,f	- price list
Produktion,f	- production
Profit,m	- profit
prolongieren	- prolong,to
Protest gehen zu	- bounce,to (draft)
Provision,f	- provision; percentage of sale
prüfen	- check,to
Prüfung,f	- inspection

Q

Qualität,f	- quality
Quantität,f	- quantity
Quartalsabrechnung,f	- quarterly statement
Quelle,f	- source
quittieren	- receipt,to
quotieren	- quote,to

R

Rabatt,m	- rebate
Rand,m	- margin
Raumgeld,n	- cratage
Raumladung,f	- chartered part of a ship
	- or wagon
Rechnung,f	- invoice; bill
Rechnungsbetrag,m	- invoiced amount
Recht,n	- law; claim; title; justice
Rechtsanspruch,m	- claim
Rechtsverhältnis,n	- legal relationship
Referenz,f	- reference
Regel,f	- rule
Remittent,m	- payee
Resultat,n	- result
Richter,m	- judge
Risiko,n	- risk
Rollgeld,n	- haulage
Rubrik,f	- column
Rückgaberecht,n	- right to return (something)
Rückruf,m	- recall
Rückschein,m	- return receipt
Rückseite,f	- reverse side
Rücksenderecht,n	- right to return
Rundschreiben,n	- circular

S

Sachbearbeiter,m	- administrative expert
Saldo,m	- balance
Sammelladung,f	- consolidated shipment
Sammelüberweisung,f	- consolidated transfer
	- (postal)
Satzzeichen,n	- punctuation
Schaden,m	- damage
Schadenersatz,m	- damage compensation
Scheck,m	- check
Scheckempfänger,m	- payee
Schecknummer,f	- check number

179

Scheckverkehr,m	- check transaction; - traffic
Scheckvordruck,m	- blank check form
schicken	- send,to
Schiffahrt,f	- shipping
Schlußzeichen,n	- punctuation
Schriftverkehr,m	- correspondence
Schulden,f	- debts; liabilities
Schuldner,m	- debtor
Schuldnerverzeichnis,n	- defaulter's book (register)
Schuldversprechen,n	- promised (to pay off a debt)
schwarze Liste,f	- black list
Seefahrt,f	- shipping
Selbsthilfeverkauf,m	- intromission; replevin (by
	- court order)
Selbstkostenpreis,m	- cost
senden	- send,to
Sendung,f	- shipment; consignment; lot
Sicherheit,f	- security
Skonto,n	- discount
Sondergesetz,n	- special act; special law
Sonderrecht,n	- special code (civil code)
Spalte,f	- column
Sparkasse,f	- savings bank
Spediteur,m	- freight forwarder; carrier;
	- shipper
Spezialist,m	- expert; specialist
Spezialität,f	- specialty
Stammbetrag,m	- minimum balance
Stellenangebot,n	- help wanted
Stellengesuch,n	- position wanted
Stempel,m	- stamp
Steuerbetrag,m	- tax amount
Steuermarke,f	- tax stamp
Stichwort,n	- key word; clue
Stückgut,n	- piece goods; parcel goods
Symbol,n	- symbol

T

Tagesauszug,m	- daily statement
Taktgefühl,n	- tactfulness
Tarif,m	- tariff
Tarifvertrag,m	- tariff agreement
Tarifwesen,n	- tariff agreements
Tatbestand,m	- state of affairs; matter

180

Teamgeist,m	- team spirit
Telegrammadresse,f	- telegram address
Termin,m	- date
Transportmittel,n	- means of transportation
Transportunternehmen,n	- carrier; freight forwarder;
	- shipper
Trassant,m	- drawer
Trassat,n	- drawee
Tratte,f	- unsigned draft

<u>U</u>

Übergabe,f	- surrender
Übermittlung,f	- transmission
übernehmen	- take over,to
Überseeschiffahrt,f	- transatlantic shipping
Überseeverkehr,m	- transatlantic traffic
übersichtlich	- clearly
Übertragungsvermerk,n	- transfer entry
übertreiben	- overdo,to
Überweisung,f	- transfer; remittance
Überweisungsauftrag,m	- transfer order
Überweisungssystem,n	- transfer system
Umbuchung,f	- cross-entry; ledger transfer
Umsatz,m	- turnover
Umtauschrecht,n	- right to exchange; right to
	- return
Unannehmlichkeit,f	- inconvenience; trouble
unbedingt	- absolutely; unconditionally
ungültig	- cancelled; void
unleserlich	- unreadable
unmißverständlich	- clearly
Unterbrechung,f	- interruption
unterliegen	- subject to,to be
Unternehmen,n	- enterprise; firm
Unternehmer,m	- entrepreneuer
unterscheiden	- differenciate,to
Unterschrift,f	- signature
unterschriftsberechtigt	- authorized to sign
unterstreichen	- underline,to
unverbindlich	- without obligation
unverlangt	- unrequested
unversiegelt	- unsealed
Urkunde,f	- official document; record
urkundlich	- documentary

Verbesserung,f	- correction; improvement
Verbindlichkeit,f	- liability; obligation
Verfahren,n	- procedure
Verfalldatum,n	- due date
Verflechtung,f	- interlocking arrangement;
	- ramification
verfügen	- make available,to
Verfügungspapier,n	- disposition paper
Verfügungsrecht,n	- right of dispositon
verhältnismäßig	- proportionately
Verkehrsmittel,n	- means of transportation
Verladestation,f	- loading dock, (station)
verlängern	- prolong,to; extend,to
verlangt	- requested
verlassen (sich)	- rely on,to
Verlust,m	- loss
vermeiden	- avoid,to
Vermerk,m	- notation; entry
Verpackung,f	- packaging
Verpackungskosten,f	- packaging cost
Verpfändungsrecht,n	- right to mortgage
verpflichten	- obligate,to; commit,to
Versandanzeige,f	- dispatch notice
Versandkosten,f	- shipping costs
Versandweg,m	- delivery route
Versandtechnik,f	- mode of transportation
versiegeln	- seal,to
versteigern	- auction,to
Vertrag,m	- contract
Vertrag lösen	- terminate a contract,to
Vertragsspediteur,m	- contract carrier
Vertragsstrafe,f	- contractual penalty
Vertragsurkunde,f	- document; deed
Vertreterbesuch,m	- sales call
Verwaltungshandhabung,f	- handling charges
verweigern	- refuse,to
Verweis,m	- reference
Verzögerung,f	- delay
Verzug,m	- delay; default
Verzugszinsen,f	- accumulated past due interest
Vielfältigkeit,f	- variety, diversity
Visitenkarte,f	- business card

182

Vollmacht,f	- power of attorney
vollstrecken	- carry out,to (court order)
Vollstreckung,f	- execution; enforcement
Vollstreckungsbefehl,m	- warrent; writ of execution
Vorbehalt,m	- reservation; provision
vordatieren	- foredate,to; date ahead,to
Vorgang,m	- transaction
Vorschrift,f	- regulation; rule
Vorstellungsgespräch,n	- interview (for a job)

W

Wagenladung,f	- carload; truck load
Wagenladungsgut,n	- carload of goods; raw goods
Wahl,f	- choice
Ware,f	- goods
Warenzeichen,n	- trade mark
Wasserweg,m	- waterway
Wechsel,m	- draft; promisary note
Wechselbetrag,m	- draft amount
Wechselempfänger,m	- draft receiver
Wechselgesetz,n	- Negotiable Instrument Law
Wechselprotest,m	- legal protest (unpaid draft)
Wechselsumme,f	- draft amount
Wechselsteuer,f	- tax on draft
Wechselstube,f	- exchange office (currency)
Wechsel ziehen	- make out a draft,to
Wechselweitergabe,f	- draft endorsement; draft
	- forwarding
Weitergabe,f (Wechsel)	- endorsement
weiterleiten	- forward to,to
Werbekosten,pl	- advertising cost
Werbung,f	- advertisement
Werk,n	- production facility; firm;
	- company
Werksleiter,m	- superintendent
Werkverkehr,m	- intercompany traffic
Wertbrief,m	- insured letter
Wertpaket,n	- insured package
Wiedergabe,f	- reproduction
Wiederruf,m	- recall; retraction
Wirkung,f	- ramification
Wissen,n	- knowledge
Wohnort,m	- residence

Zahlkarte,f	- money order
Zahltag,m	- due date for payment; payday
Zahlung,f	- payment
Zahlungsaufforderung,f	- request for payment
Zahlungsbedingung,f	- terms of payment
Zahlungsbefehl,m	- court order to pay
Zahlungsempfänger,m	- payee
Zahlungsgrund,m	- reason for payment
Zahlungsmittel,n	- form of payment
Zahlungsort,m	- place of payment
Zahlungsverzug,m	- delay of payment
Zeichen,n	- symbol
Zeile,f	- line
Zeitfaktor,m	- time factor
Zeugnis,n	- transcript
Zoll,m	- customs
Zur Verfügung stellen	- make available,to
"Zur Verrechnung"	- "for deposit only"
zurückgreifen	- refer back to,to
Zusage,f	- consent
Zusatz,m	- addition
zustellen	- deliver,to send,to
Zustellgebühr,f	- delivery charge
Zweck,m	- reason
Zweigstelle,f	- branch
zwingen	- force,to

ENGLISH - GERMAN

(All translations relate to the above text!)

f = feminin   m = masculin   n = neuter genders.

A

abide by,to	- einhalten
accept,to	- annehmen
acceptance	- Annahme,f
accompany,to	- begleiten
account	- Konto,n
account number	- Kontonummer,f
accumulated past due interest	- Verzugszinsen,pl.
acknowledge,to	- bestätigen
acknowledgment of receipt	- Empfangsbestätigung,f
addition	- Zusatz,m
address	- Anschrift,f
address book	- Adreßbuch,n
address label	- Aufklebeadresse,f
address of a package	- Paketadressse,f
address tag	- Adreßkarte,f
adjustment	- Berichtigung,f
administrative expert	- Sachbearbeiter,m
advertisement	- Anzeige,f
advertising	- Werbung,f
advisable	- empfehlenswert
airmail	- Luftpost,f
air plane	- Flugzeug,n
amendment	- Berichtigung,f
amount	- Betrag,m
amount of money	- Geldbetrag,m
applicant	- Bewerber,m

185

application	- Bewerbung,f
appraising,to	- beurteilen
apprenticeship	- Lehrstelle,f
approve,to	- annehmen; akzeptieren
area	- Gebiet,n
arrest warrent	- Haftbefehl,m
auction,to	- versteigern
authorized signer	- Unterschriftsberechtigter
avoid,to	- vermeiden

B

balance	- Saldo,m (Buchhaltung)
balance,to	- ausgleichen
bill	- Rechnung,f
bill of lading	- Frachtbrief,m; Ladeliste,f
black list	- schwarze Liste,f
blank	- blanko
blank check	- Scheckvordruck,m
booklet of postage rates	- Postgebührenheft,n
bookkeeping money	- Geldersatzmittel,n
branch	- Niederlassung,f
bulk mail	- Postwurfsendung,f
business card	- Visitenkarte,f
business connection	- Geschäftsverbindung,f
business dealings	- Handelsverkehr,m; Ge-
	- schäftsverkehr,m
business law code	- Handelsgesetz,n
business letter	- Geschäftsbrief,m
business like	- geschäftsmäßig; kaufmännisch
business transaction	- Geschäftsvorgang,m
buyer	- Käufer,m; Einkäufer,m
	- Auftraggeber,m
by law	- gesetzlich

C

cancelled	- ungültig
candidate	- Kandidat,m
carrier	- Spediteur,m;
	- Transportunternehmer

carry out,to	- leisten; durchsetzen; voll- - strecken
cartage	- Raumgeld,n
car load	- Wagenladung,f
carry out,to	- vollstrecken
cash	- bar
cash on delivery (COD)	- Nachnahmesendung,f
cash payment	- Barzahlung,f
central clearing bank	- Girozentrale,f (Sparkassen)
central clearing house	- Landeszentralbank,f
chamber of commerce	- Handelskammer,f
change,to	- ändern; abändern
change in price	- Preisänderung,f
change of offer	- Angebotsänderung,f
change of taste	- Geschmacksveränderung,f
change without notice,to-	freibleibend
chartered part of ships or wagons	- Raumladung,f
check	- Scheck,m
check,to	- prüfen
check form	- Scheckvordruck,m
check number	- Schecknummer,f
check traffic	- Scheckverkehr,m
check transaction	- Scheckverkehr,m
checking account	- Girokonto,n
choice	- Wahl,f
circular (memo)	- Rundschreiben
circulation of money	- Geldumlauf,m
civil law code	- Bürgerliches Gesetzbuch,n
claim	- Rechtsanspruch,m; Anspruch,m
clause	- Klausel,f
clear	- eindeutig
clearing bank	- Girobank,f
clearly	- übersichtlich; - unmißverständlich
clientele	- Kundenkreis,m
clue	- Stichwort,n
COD	- cash on delivery
COD by express	- Nachnahmeexpreßgutsendung,f
coerce,to	- zwingen
collateral	- Bürgschaft,f
collected at railroad station	- bahnlagernd
collection letter	- Mahnbrief,m
collegue	- Mitarbeiter,m; Kollege,m
column	- Rubrik,f; Kolonne,f; Spalte,f
comment for method of treatment	- Behandlungsvermerk,m
commercial code	- Handelsgesetz,n

commercial trade	- Handelsgewerbe,n
commit,to	- verpflichten, sich
company	- Firma,f; Werk,n
company trade name	- Firmenbezeichnung,f
complaint	- Mängelrüge,f; Beanstandung,f
compensation	- Schadenersatz,m
component	- Bestandteil,m
condition	- Bedingung,f
condition of sale	- Lieferungsbedingung,f
confirmation	- Bestätigung,f
conform with,to	- einhalten
consent	- Zusage,f
consignment	- Sendung,f
consolidated shipment	- Sammelladung,f
consolidated transfer	- Sammelüberweisung,f
	- (Bankwesen)
contact,to	- anschreiben; benachrichtigen
contract	- Vertrag,m; Kaufvertrag,m
contract carrier	- Vertragsspediteur,m
contractor	- Lieferer,m
contractual penalty	- Vertragsstrafe,f
conveyance contract	- Beförderungsvertrag,m
cooperative bank	- Genossenschaftsbank,f
correction	- Berichtigung,f
correspondence	- Schriftverkehr,m
cost	- Selbstkostenpreis,m
cost of freight	- Frachtkosten,f
cost of packaging	- Verpackungskosten,f
cost of shipping	- Versandkosten,f
cost saving	- Kostenersparnis,f
counter offer	- Gegenangebot,n
course of business	- Geschäftsablauf,m
court location	- Gerichtsort,m
court costs	- Gerichtskosten,f
court order (to pay)	- Zahlungsbefehl,m
co-worker	- Mitarbeiter,m
credit	- Kredit,m; Gutschrift,f
credit,to	- gutschreiben
credit balance	- Guthaben,n
credit contract	- Kreditvertrag,m
credit transaction	- Kreditgeschäft,n
creditor	- Gläubiger,m
credit worthiness	- Kreditwürdigkeit,f
cross entry	- Umbuchung,f
customer	- Kunde,m; Auftraggeber,m
customary	- üblich; herkömmlich
customers	- Kundenkreis,m
customs	- Zoll,m
customs of merchants	- Handelsgewohnheitsrecht,n

daily statement	- Tagesauszug,m
damage	- Schaden,m
damage compensation	- Schadenersatz,m
data	- Angaben,pl.
date	- Termin,m; Datum,n
date ahead,to	- vordatieren
date of delivery	- Liefertag,m
date received	- Eingangsdatum,n
day of delivery	- Liefertag,m
debit entry	- Lastschrift,f
debit note	- Lastschriftnotiz,f
debitor	- Schuldner,m
debts	- Schulden,f
decision	- Entscheidung,f
declaration	- Erklärung,f; Angabe,f
decline,to	- ablehnen
deed	- Vertragsurkunde,f; Urkunde,f
default	- Verzug,m
default action	- Mahnverfahren,n
default,in	- in Verzug (sein, geraten)
defaulters book	- Schuldnerverzeichnis,n
- register	- Schuldnerverzeichnis,n
deferred acceptance	- Annahmeverzug,m
delay	- Verzögerung,f
delayed delivery	- Lieferungsverzug,m
delay of payment	- Zahlungsverzug,m
delinquency	- Zahlungsunfähigkeit,f
delivery announcement	- Lieferanzeige,f
delivery charge	- Zustellgebühr,f
delivery date	- Lieferdatum,n; Liefertag,m
delivery note	- Einlieferungsschein,m
delivery receipt	- Einlieferungsschein,m
delivery route	- Versandweg,m
demand	- Nachfrage,f
demand,to	- auffordern
depositor	- Einzahler,m
description of a company	- Firmenbezeichnung,f
desired change	- Änderungswunsch,m
deviation	- Abweichung,f
detective agency	- Auskunftei,f (Gechäft)
differenciate,to	- unterscheiden
directory	- Adreßbuch,n

directory of suppliers	- Bezugsquellenverzeichnis,n;
	- Bezugsquellenkartei,f;
	- Branchenverzeichnis,n
discount	- Diskont,m; Skonto,n;
dispatch notice	- Versandanzeige,f
disposition papers	- Verfügungspapier,n
distraint	- Offenbarungseid,m
distribution	- Einteilung,f; Verteilung,f
division	- Aufteilung,f
document	- Urkunde,f; Vertrag,m
documentary	- urkundlich
domestic draft	- Inlandwechsel,m
draft	- Wechsel,m; Tratte,f
Draft amount	- Wechselbetrag,m
draft endorsement	- Wechselweitergabe,f
draft forwarding	- Wechselweitergabe,f
draft law	- Wechselgesetz,n
draft receiver	- Wechselempfänger,m
draw,to (check,draft)	- ausmachen; ausschreiben
drawee	- Bezogener,m; Trassat,n
drawer (of checks)	- Aussteller,m
(of drafts)	- Trassant,m
due date	- Fälligkeitsdatum,n
	- Verfallsdatum,n
due date for payment	- Zahltag,m (Schulden)
dumming procedure	- Mahnverfahren,n

E

elementary school	- Grundschule,f
emergency sale	- Notverkauf,m
employment	- Anstellung,f
employer	- Arbeitgeber,m
employment criteria	- Einstellungskriterium,n
employment office	- Arbeitsamt,n (staatlich)
empty line	- Leerzeile,f (Schreibmaschine)
enclose,to	- beifügen
enclosure	- Anlage,f
endorsement	- Weitergabe,f; Indossament,n
enforcement	- Vollstreckung,f
ensure,to	- sich absichern
entrepreneur	- Unternehmer,m
enterprise	- Unternehmen,n
entry	- Vermerk,m; Buchung,f
evaluate	- beurteilen
envelope	- Briefumschlag,m

envelope (see through)	- Fensterhülle,f
equalize,to	- ausgleichen
equivalent offer	- Gegenleistung,f
error	- Irrtum,m; Fehler,m
execution	- Vollstreckung,f
excess charge	- Nachgebühr,f
exception	- Ausnahme,f
exchange letters	- Briefaustausch,m
exhibition	- Ausstellung,f; Messe,f
exhibitor	- Aussteller,m (Messe) auch
Wechsel etc.	
experience	- Erfahrung,f
expert	- Spezialist,m; Sachbearbeiter,m
explain,to	- erklären
express goods	- Eilgut,n

F

fact	- Tatbestand,m
fair	- Messe,f
farming	- Landwirtschaft,f
fast freight	- Expreßgut,n
favor	- Gefälligkeit,f
file	- Ablage,f
financial transaction	- Geldgeschäft
firm	- Werk,n; Firma,f; Unternehmen,n
fixed date purchase	- Fixgeschäft,n
flow of goods	- Güterverkehr,m
"for deposit only"	- "Zur Verrechnung",f
force,to	- zwingen
foredate,to	- vordatieren
foreign draft	- Auslandswechsel,m
foreign labor	- Fremdarbeit,f
forgery	- Fälschung,f
form	- Form,f
format	- Format,n
form of credit	- Kreditmittel,n
form of payment	- Zahlungsmittel,n
forestry	- Forstwirtschaft,f
forward to,to	- weiterleiten
foundation	- Begründung,f
freight	- Frachtgut,n
freight forwarder	- Frachtgesellschaft,f
-company	- Spediteur,m; Transport-
	- unternehmen,n
fullfill,to	- leisten
future deal	- Fixgeschäft,n

G

gap	- Lücke,f
generality	- Allgemeinheit,f
give an opinion,to	- begutachten
goods	- Ware,f
goods for a carload	- Wagenladungsgut,n
goods traffic	- Güterverkehr,m
government letter	- Behördenbrief,m
grace period	- Annahmefrist,f
grant credit,to	- Kredit gewähren
guaranty	- Bürgschaft,f; Garantie,f

H

handling charges	- Behandlungsgebühr,f;
	- Verwaltungs=
	- handhabung,f
handwriting	- Handschrift,f
handwritten	- handschriftlich
haulage	- Rollgeld,n
have postage prepaid,to	- freimachen
help wanted	- Stellenangebot,n
high school	- Gymnasium,n
high school diploma	- Abitur,m
holder of account	- Konteninhaber,m
honor,to	- einlassen

I

idle time	- Wartezeit,f
import duty	- Einfuhrzoll,m
impression	- Eindruck,m
imprisonment	- Haft,f
improvement	- Verbesserung,f
income	- Einkommen,n
inconvenience	- Unannehmlichkeit,f
indicate,to	- bezeichnen

192

indication	- Hinweis,m; Bezeichnung,f
industrial tax	- Gewerbesteuer,f
industry code	- Branchenverzeichnis,n
inform,to	- Auskunft geben
information	- Auskunft,f
inland shipping	- Binnenschiffahrt
inquiry office	- Auskunftei,f
inspection	- Prüfung,f; Inspektion,f
instalment	- Abzahlung,f; Teilzahlung,f
insult	- Beleidigung,f
insurance	- Versicherung,f
insured letter	- Wertbrief,m
insured parcel	- Wertpaket,n
interest for default	- Verzugszinsen,f
inter company traffic	- Werksverkehr,m
interlocking arrangement	- Verpflechtung,f
interpret,to	- auslegen
interruption	- Unterbrechung,f
interview (for a job)	- Vorstellungsgespräch,n
intromission	- Selbsthilfeverkauf,m
investment	- Anlage,f (money)
investment trust	- Kapitalanlagegesellschaft,f
invoice	- Rechnung,f
invoiced amount	- Rechnungsbetrag,m
item	- Posten,m (Buchhaltung)
itemize,to	- aufgliedern

J

joint stock company	- Aktiengesellschaft,f
journal	- Journal,n
judge	- Richter,m
judgement of character	- Menschenkenntnis,f
Jurisdiction	- Zuständigkeit,f
justice	- Recht,n; Gerechtigkeit,f

K

keep ready,to	- bereithalten
key number	- Kennziffer,f
key position	- Schlüsselposition,f
key stock	- Hauptanlagepapier,n
key word	- Stichwort,n
kind	- Art,f
knowledge of human nature	- Menschenkenntnis,f

L

label	- Klebezettel,m
labor contract	- Werkvertrag,m
land register	- Grundbuch,n
land tax	- Grundsteuer,f
large parcel	- Paket,n
late charge	- Nachgebühr,f
law	- Gesetz,n; Bestimmung,f
lease	- Pachtvertrag,m
ledger transfer	- Umbuchung,f
legal	- rechtmäßig; rechtsgültig
legal fees	- Rechtskosten,pl.
legal protest	- Wechselprotest
legal relationship	- Rechtsverhältnis,n
legal tender	- gesetzl. Zahlungsmittel,n
letter head	- Briefkopf,m
letter of acknowledgement	- Bestätigungsbrief,m
letter of application	- Bewerbungsbrief,m
liability	- Haft,f; Schulden,f;
	- Verbindlichkeit,f
license	- Lizens,f
lien	- Pfandrecht,n
limitation	- Abgrenzung,f
line of credit	- Kreditmittel,n
list	- Aufstellung,f
loading dock	- Verladestation,f
lodge a protest over,to	- Einspruch erheben
long distance goods traffic	- Güterfernverkehr,m
loss	- Verlust,m
lot	- Sendung,f

M

main ledger	- Hauptbuch,n
maintenance cost	- Unterhaltungskosten,pl.
make available,to	- zur Verfügung stellen
make out a draft,to	- Wechsel ziehen
make sure,to	- absichern

194

manager	- Leiter,m; Direktor,m
manipulation	- Manipulation,f
manufacturer	- Hersteller,m; Firma,f
margin	- Rand,m; Spanne,f (Gewinn)
marker	- Kennzeichen,n
market conditons	- Marktlage,f; Konjunktur,f
mashine building	- Maschinenbau,m
mass transportation	- Massenverkehr,m
matter	- Tatbestand,m
maturity	- Fälligkeit,f
mercantile operations	- Handelsverkehr,m
-transaction	- Handelsverkehr,m
means of transportation	- Verkehrsmittel,n;
	- Transportmittel,n
minimum balance	- Stammbetrag,m
minimum rate	- Mindestrate,f
mixed shipment	- Mischsendung,f
mode of transport	- Versandtechnik,f
monetary transaction	- Geldgeschäft,n
money market	- Geldmarkt
money order	- Zahlkarte,f; Postanweisung,f
money transfer (no cash)	- bargeldloser Zahlungsverkehr
motor vehicle tarif	- Kraftwagentarif,m
multiplicity	- Vielfältigkeit,f
mutual savings bank	- Genossenschaftsbank,f

N

necessary	- erforderlich
Negotiable Instrument Law	- Wechselgesetz,n
not accepted delivery	- Annahmeverweigerung,f
notation	- Angabe,f; Vermerk,m
notation for method of treatment of mail	- Behandlungsvermerk,m
notation for processing	- Bearbeitungsvermerk,m
notation for transfer	- Übertragungsvermerk,m
notation of acceptance	- Annahmevermerk,n
not requested	- nicht erforderlich; nicht
	- nachgefragt

O

oath of manifastation	- Offenbarungseid,m
object,to	- Einspruch erheben
objection (court)	- Einspruch,m; Beanstandung,f
obligate,to	- verpflichten
obligation	- Verbindlichkeit,f
obligation to transport	- Beförderungspflicht,f
offense	- Beleidigung,f
offer	- Angebot,n
office of dispatch	- Aufgabepostamt,n
official document	- Urkunde,f
open credit	- Kontokorentkredit,m
"or bearer"	- "oder Überbringer"
"or carrier"	- "oder Überbringer"
order	- Bestellung,f; Auftrag,m
order acceptance	- Bestellungsannahme,f
order slip	- Aufforderungsschein,m
original	- Original,n
output	- Leistung,f
overdo,to	- übertreiben

P

package	- Paket,n
package form	- Paketkarte,f
packaging	- Verpackung,f
packaging cost	- Verpackungskosten,f
paper size	- Papiergröße,f
paragraph	- Paragraph,m; Absatz,m
parcel	- Päckchen,n; kleines Paket,n
parcel goods	- Stückgut,n (Post)
Parcel post	- Postgut,n
parcel post form	- Postgutkarte,f
particulars	- Angaben,pl.
pay day	- Zahltag,m
payee	- Remittent,m;
	- Zahlungsempfänger,m
	- Scheckempfänger,m
	- Wechselempfänger,m
payment	- Zahlung,f
payment without cash	- bargeldloser Zahlungs-
	- verkehr,m

196

pay out,to	- auszahlen
performance	- Ausführung,f
personnel matter	- Personalangelegenheit,f
piece goods	- Stückgut,n (Bahn; LKW;Schiff)
place of issuance	- Ort der Ausstellung,m
place of payment	- Zahlungsort,m
point of destination	- Bestimmungsort,m
point of view	- Gesichtspunkt,m
position wanted	- Stellenangebot,n
postage due	- Nachgebühr,f
postage paid	- frei; Gebühr bezahlt
postal check office	- Postscheckamt,n
postal check traffic	- Postscheckverkehr,m
postal money order	- Postanweisung,f
postal rates	- Postgebühren,f
postal service	- Postverkehr,m,
posting	- Buchung,f
post office of destination	- Bestimmungspostamt,n
post office of dispatch	- Aufgabepostamt,n
postscript	- Nachtragung,f; (P.S.)
power of attorney	- Vollmacht,f
pre-date,to	- vordatieren
prescriptive law	- Handelsgewohnheitsrecht,n
present for signature,to	- zum Akzept vorlegen
	- (Wechsel)
price	- Preis,m
price change	- Preisänderung,f
price list	- Preisliste,f
printed matter	- Drucksache,f
procedure	- Vorgang,m; Verfahren,n
processing entry	- Bearbeitungsvermerk,m
procurement	- Einkauf,m
produktion	- Produktion,f; Leistung,f
production facility	- Werk,n
professional journal	- Fachzeitschrift,f
profit	- Profit,m; Gewinn,m
prolong,to	- prolongieren; verlängern
promisary note	- Wechsel,m
promise to pay a debt	- Schuldversprechen,n
proof	- Beleg,m
property	- Grundstück,n
property rights register	- Güterrechtsregister,n
proportionately	- verhältnismäßig
protest	- Protest,m; Beanstandung,f
provision	- Vorbehalt,m; Provision,f
punctuation	- Satzzeichen,n
purchase	- Einkauf,m

197

Q

quantity	- Quantität,f; Mänge,f
quality	- Qualität,f; Güte,f
quarter	- Quartal,n; Vierteljahr,n

R

radiogram	- Funkspruch,m
railroad container	- Bahnbehälter,m
ramification	- Verflechtung,f; Wirkung,f
raw goods	- Wagenladungsgut,n
ready money (no cash)	- bargeldlos
reason	- Begründung,f; Grund,m
reason for payment	- Zahlungsgrund,m
rebate	- Rabatt,m
recall	- Rückruf,m
receipt	- Beleg,m; Empfangsbeschei-
	- nigung,f
	- Empfangsbestätigung,f
receipt stamp	- Eingangsstempel,m
recognize,to	- anerkennen
recommend,to	- empfehlen
recommendable	- empfehlenswert
record	- Aufzeichnung,f; Urkunde,f
reference	- Betreff,m; Verweis,m
reference mark	- Bezugszeichen,n
refer to,to	- zurückgreifen
refusal	- Ablehnung,f
refusal to accept	- Annahmeverweigerung,f
refuse,to	- ablehnen, verweigern
registered	- einschreiben
registered letter	- Einschreibebrief,m
regulation	- Vorschrift,f; Regel,f
rely on,to	- verlassen, sich auf etwas
remind,to	- mahnen
reminder	- Mahnung,f
remittance	- Überweisung,f; Bezahlung,f
reorder	- Neubestellung,f
replacement service	- Ersatzleistung,f
reproduction	- Wiedergabe,f

request,to	- auffordern
requested	- verlangt
request for payment	- Zahlungsaufforderung,f
request for resale	- Selbsthilfeverkauf,m (by
	- courtorder)
research progress	- Forschungsfortschritt,m
reservation	- Vorbehalt,m
residence	- Wohnort,m
result	- Resultat,n; Ergebnis,n
resume	- Lebenslauf,m;curriculum vitae
retail business	- Einzelhandel,m
retraction	- Widerruf,m
return receipt	- Rückschein,m
return service	- Gegenleistung,f
reverse side	- Rückseite,f
right of disposition	- Verfügungsrecht,n
right to collect	- Einziehungsrecht,n
right to exchange	- Umtauschrecht,n
right to mortgage	- Verpfändungsrecht,n
right to return	- Umtauschrecht,n; Rückgabe-
	- recht,n
risk	- Risiko,n
route of delivery	- Versandweg,m
column	- Rubrik,f; Spalte,f
rule	- Vorschrift,f

S

sales call	- Vertreterbesuch,m
sample	- Muster,n
savings	- Ersparnis,n
savings bank	- Sparkasse,f
scientific journal	- Fachzeitschrift,f
seal,to	- versiegeln
season	- Jahreszeit,f
secure,to	- absichern
security	- Sicherheit,f
see-through envelope	- Fensterhülle,f
seizure	- Pfändung,f
selection	- Wahl,f
seller	- Lieferer,m
send,to	- senden; zustellen; schicken
service	- Leistung,f; Dienstleistung,f
service charge	- Gebühr,f
service charge (posting)	- Buchungsgebühr,f
settle,to	- ausgleichen

199

sheet of stationary	- Briefbogen,m
shipment	- Sendung,f;
shipper	- Spediteur,m; Transportunter- - nehmer,m
shipping	- Seefahrt,f; Schiffahrt,f
shipping company	- Spediteur,m
shipping contract	- Beförderungsvertrag,m
shipping cost	- Versandkosten,f
shipping parcel post	- Postgutsendung,f
shipping technique	- Versandtechnik,f
short distance goods traffic	- Güternahverkehr,m
signature	- Unterschrift,f
size	- Größe,f
small parcel	- Päckchen,n
source	- Quelle,f
source of supply	- Bezugsquelle,f
space (typewriter)	- Leertaste,f
special act (law)	- Sondergesetz,n
special code (civil)	- Sondergesetz,n
special delivery	- per Eilbote,m
sponsorship	- Bürgschaft,f
stamp	- Briefmarke,f; Stempel,m
statement	- Kontoauszug,m; Aufstellung,f
state of affairs	- Tatbestand,m
stationary	- Briefpapier,n
stored at rail road station	- bahnlagernd
subject to,to be	- unterliegen
subject to change without notice	- freibleibend
substitute money	- Geldersatzmittel,n; Geld- - surrogat,n
substitute service	- Ersatzleistung,f
sum of money	- Geldsumme,f; Geldbetrag,m
supplier	- Lieferer,m
supply	- Lieferung,f; Lagerinhalt,m
surrender	- Aushändigung,f; Übergabe,f
symbol	- Symbol,n; Zeichen,n

T

tactfulness	- Taktgefühl,n
tag	- Anhänger,m; Adreßkarte,f
take over,to	- übernehmen

tariff	- Tarif,m
tariff agreement	- Tarifvertrag,m
taste	- Geschmack,m
tax amount	- Steuerbetrag,m
tax on a draft	- Wechselsteuer,f
tax stamp	- Steuermarke,f
telecommunictaion	
traffic (post office)	- Nachrichtenverkehr,m
traffic with letters	- Briefverkehr,m
team spirit	- Teamgeist,m
telecommunication	- Nachrichtenverkehr,m
telegraphic address	- Telegrammadresse,f
telegram address	- Telegrammadresse,f;
	- Drahtwort,n
terminate a contract,to	- Vertrag lösen
terms of acceptance	- Annahmefrist,f
terms of delivery	- Lieferungsbedingung,f
terms of payment	- Zahlungsbedingung,f
time factor	- Zeitfaktor,m
time limit for	
redemption	- Einlösungsfrist,f
trade	- Handel,m
trade convention	- Messe,f
trade directory	- Branchenverzeichnis,n
trade magazine	- Fachzeitschrift,f
trade name	- Firmenbezeichnung,f
trade register	- Handelsregister,n
transaction	- Vorgang,m
transatlantic shipping	- Überseeschiffahrt,f
transatlantic traffic	- Überseeverkehr,m
transcript	- Zeugnis,n
transfer (bank)	- Überweisung,f
transfer order	- Überweisungsauftrag,m
transportation notation	- Beförderungsvermerk,m
trial purchase	- Kauf auf Probe
truck load	- Wagenladung,f (LKW)
trouble	- Unannehmlichkeit,f
turnover	- Umsatz

<u>U</u>

unconditionally	- unbedingt, ohne Vorbehalt
underline,to	- unterstreichen
unreadable	- unlesbar
unrequested	- unverlangt

unsealed	- unversiegelt
unsigned draft	- Tratte,f

V

variation	- Abweichung,f
variety	- Vielfältigkeit,f
visit of a sales rep.	- Vertreterbesuch,m
void	- ungültig
voucher	- Beleg,m
volume discount	- Mengenrabatt,m

W

warehouse	- Lager,n
warrent for arrest	- Haftbefehl,m
water way	- Wasserweg,m
way to do business	- Geschäftsablauf,m
way bill	- Begleitpapier,n;
	- Begleitschein,m
whole sale	- Großhandel,m
wireless message	- Funkspruch,m
(two way radio)	-
without ready cash	- bargeldlos
without doubt	- unmißverständlich
without obligation	- freibleibend
without permit	- genehmigungsfrei
worth recommending	- empfehlenswert
write to,to	- anschreiben
writ of execution	- Vollstreckungsbefehl,m

Z

zero	- Null,f
zip code	- Postleitzahl

202

Sachregister.

(Viele im Sachregister enthaltene Begriffe sind im
Text mit einem Stern (*) versehen.)

Seite:

203

Dokumentation

Es folgen einige Beispiele von Vordrucken der deutschen Industrie. Firmen haben das Recht zu einem gewissen Grad ihre eigenen Formulare zu entwerfen, sind jedoch den DIN Vorschriften in der Aufteilung unterworfen. Trotzdem können sie, wie aus den Anlagen zu ersehen ist, Briefköpfe und anderes gestalten.

Da deutsche Papierlängen sich von amerikanischen unterscheiden, sind die unten angeführten Dokumente in der Größe reduziert. Es folgen einige Beispiele für Standardvordrucke wie: Vordrucke der Bundespost und Bundesbahn, Standardeinkaufsbedingungen und Wechselformulare.

Vierteiliger Frachtbrief
der Deutschen Bundesbahn. (Vorderseite)

Vierteiliger Frachtbrief
der Deutschen Bundesbahn. (Rückseite)

Kontoauszug eines Postgirokontos
Deutsche Bundespost. (Vor- und Rückseite)

Vordruck einer Anfrage
der Firma DEGUSSA. (Vorderseite)

Vordruck von Einkaufsbedingugen
der Firma DEGUSSA. (Rückseite der
Anfrage)

Vordruck einer Bestellung
der Firma DEGUSSA

209

Vorder- und Rückseite
eines ausgefüllten Wechselvordruckes
der Commerzbank mit Wechselsteuermarken
und Indossamenten.

Unausgefüllter Wechselvordruck
der Commerzbank

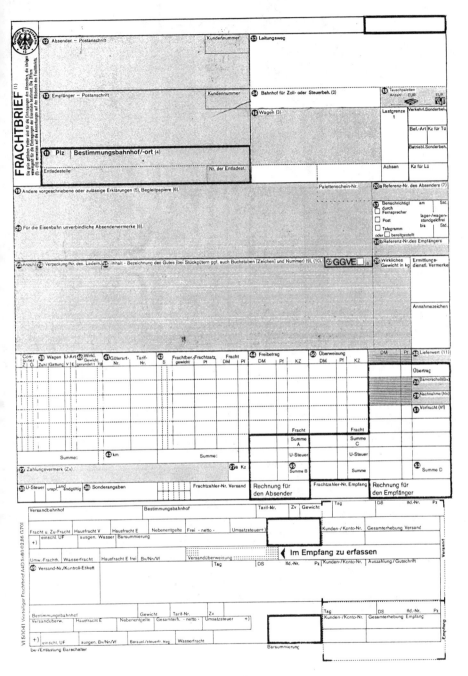

211

	1	2	3	4
Ausgeliefert am				
........./........		5	6	7
Std.				
durch				

Rechnungsergänzungen	DM	Pf	KZ

Anmerkungen

(1) Für die Beförderung gelten die Eisenbahn-Verkehrsordnung (EVO) und die Tarife.

(2) Bei Bedarf ist hier die Export-Service-Nummer für Wagenladungen mit Seeausfuhrgut einzutragen.

(3) Hier ist die 12stellige Wagennummer wie folgt „21-80-150 2 305-2" anzugeben, ferner das angeschriebene Gattungszeichen sowie bei Privatwagen „P".

(4) Hier ist einzutragen:

Bei Wagenladungen der tarifmäßige Bestimmungsbahnhof und − ohne Verbindlichkeit für die Eisenbahn − ggf. die Entladestelle sowie deren Nummer,

bei Stückgutsendungen der Bestimmungsort nach Spalte 1 des Stückgut-Ortsverzeichnisses einschließlich Postleitzahl und Stückgut-leitzahl.

(5) Hier sind einzutragen:

Anerkenntnis über Fehlen oder Mängel der Verpackung,

Erklärung über Befreiung von der Umsatzsteuer gemäß ABest. II und III zu § 68 EVO,

etwaige Vorschriften des Absenders, z. B. „bahnamtlich verwiegen", „Zoll-(Steuer-)behandlung in . . .", bei Tieren „Tränkung in . . ." und andere vorgeschriebene oder zulässige Erklärungen.

(6) Hier sind Anzahl und Art der beigegebenen Begleitpapiere einzutragen.

(7) Bei Teilnahme an der Zentralen Frachtberechnung (ZF) oder nach besonderer Vereinbarung kann hier eine bis zu 10stellige Nummer angegeben werden, die als Referenz-, Dispositions- oder sonstige Kennummer dient und in der periodischen Rechnung wiedergegeben wird.

(8) Hier können für die Eisenbahn unverbindliche kurze Vermerke, die die Sendung betreffen, nachrichtlich eingetragen werden, z. B. „Im Auftrage des N. N.", „Zur Verfügung des N. N.", Ausfertigungsdatum des Frachtbriefs, Einzelnachweis des Barvorschusses und der Nachnahme (für die Eisenbahn verbindliche Angaben nur im schraffierten Teil der Felder 28 bzw. 29).

(9) Auch bei Wagenladungen können die für Stückgüter vorgeschriebenen Angaben gemacht werden.

(10) Hier sind die Buchstaben (Zeichen) und Nummern einzutragen, mit denen die Versandstücke bezeichnet sind.

(11) Der Absender kann, soweit dies zugelassen ist, den Wert im Frachtbrief angeben, den er der fristgemäßen Lieferung der unversehrten Wagenladung über den nach § 85 EVO zu ersetzenden Wert hinaus beimißt (Lieferwert). Hierfür wird das tarifmäßige Entgelt erhoben.

Wiegestempel

212

Postgiroamt
6000 Frankfurt
Bankleitzahl 500 100 60

Kontoauszug
Bitte beachten Sie die
Hinweise auf der Rückseite

tgirokonto-Nr.		Auszug-Nr.	Alter Kontostand		DM	Pf
64 10–608		134	vom 23.01.87		4 186	03

Buchungshinweise — Umsatz

/LT ANLAGE — 450 00–

.01.87 — Guthaben — Neuer Kontostand — 3 736 03

uchungstag

Hinweise

zur Spalte »Art«
Es bedeuten:
EA = Lastschrift (künftig LA)
LA = Lastschrift
GB = Gebühr
KS = Kassenscheck
SR = Scheck-Rückgabe
S = Scheck

SG = Sammelauftrag bzw. Sonderliste (Gut)
SL = Sammelauftrag bzw. Sonderliste (Last)
UE = Überweisung
Z = Zahlungsanweisung

zur Abkürzung »GB«
Gebühren, Kosten oder Zinsen sind mit der Kennzeichnung »GB« einzeln links neben der Spalte »Umsatz« aufgeführt und summarisch als letzter Buchungsposten (SUM-ME GB) gebucht.

zur Spalte »Umsatz«
Gutbuchungen sind durch »+«, Lastbuchungen sind durch »–« gekennzeichnet.

zur Zeile »Neuer Kontostand«
Verfügbar ist der mit dem Zusatz »GUTHABEN« gekennzeichnete Betrag. Einen negativen Kontostand mit der Kennzeichnung »BITTE AUFFUELLEN« bitten wir in Ihrem eigenen Interesse unverzüglich auszugleichen. Bei technisch bedingtem Ausdruck von mehreren Kontoauszügen für einen Buchungstag sind diese als ein Gesamtkontoauszug zu betrachten. Es gilt dann der »Neue Kontostand« des Kontoauszugs mit der höchsten Auszug-Nr.

Wir bitten Sie,
in allen Schreiben an uns Ihre Kontonummer anzugeben,
bei Rückfragen den Buchungstag anzugeben,
fehlende Anlagen und Kontoauszüge sogleich anzufordern,
bei Beanstandungen diesen Kontoauszug mit den betreffenden Anlagen sogleich an uns zurückzusenden – Berichtigung nur durch das Postgiroamt –.

Postanschrift	Dienstgebäude	Kassenstunden	Telefon	Telex	Telefax	Teletex	Btx-Kontoführung
Postgiroamt	Eckenheimer Ldstr. 242	Mo–Fr	(0 69)	411458			(0 69)
Postfach 99 99	Frankfurt am Main	8.30–13.00 Uhr	15 62–0	pga d			15 62–19 50
8000 Frankfurt 9							

recycling-papier zu 100% aus Altpapier

149,9 × 105,8/6000, Kl. 78 rs
2XdS *5. 85/8 7 6 5 4 3 2
© 2Xds *5. 85/8 7 6 5 4 3 2
923 420 015-8

Beschaffung Technisch
Purchasing Department

Degussa AG · Postfach 110533 · D-6000 Frankfurt 11

Anfrage Nr./Requisition No.

(Bitte stets angeben / always state please)

Das Angebot ist **zwelfach** einzusenden bis / Return bid (2fold)
not later than:

Bitte geben Sie Nachricht, wenn Sie diesen Termin nicht einhalten können / Please advise if you cannot meet this date.

Gewünschte Lieferzeit /
Required delivery:

Vorhaben / Project		Unsere Abt. / Our dept.	Sachbearbeiter / Purchasing agent	Telefon-Durchwahl / Phone extension	Datum / Date
Empfängerwerk / destined for		BTE-M		218-	

Wir bitten unter Zugrundelegung unserer umseitigen Einkaufsbedingungen und der beigefügten Technischen Vorschriften
um Ihr ausführliches Angebot für nachstehende Lieferungen /
Leistungen:

Taking our overleaf printed General Conditions and our at-
tached Technical Regulations as a basis we ask for your
detailed quotation for the following:

Das Angebot soll verbindlich enthalten:

1. Technische Daten
2. Preise und Nettogewicht für jede Position einzeln
3. Zeichnungen und Unterlagen wie in den technischen Anlagen gefordert
4. Lieferzeit
5. Preisstellung: der Angebotspreis soll enthalten:
   a) Lieferung frei Waggon lt. Incoterms 1980 bzw. frei verladen LKW ab Werk
   b) Gesamtkosten für amtliche Abnahmen (z. B. TÜV, AIB,
   Vincotte), falls erforderlich

Your offer to include binding:

1. Technical data
2. Prices and net weights for each item
3. Drawings and data as asked for in the technical enclosures
4. Time of delivery
5. Pricing: Your offered price shall include:
   a) delivery for according to Incoterms 1980 or fot ex works
   resp.
   b) total costs for acceptance tests carried out by official
   authorities (i. e. TÜV, AIB, Vincotte), if necessary

Getrennt sind die Kosten anzugeben für:

6. ☐ Verpackung für Bahn-Versand/LKW-Versand
7. ☐ Fracht frei Empfängerwerk
8. Zur Beachtung: Bei Verwendung von Degussa-Vordrucken
sind die darin gemachten Angaben im Anschreiben zu bestätigen und außerdem die geforderten Punkte 4 bis 7 zu
nennen. Unvollständige oder verspätet eingehende Angebote werden nicht berücksichtigt. Technische Abweichun-
gen von unserer Anfrage sind gesondert anzugeben.
9. Die Transportversicherung wird durch uns abgeschlossen
und gedeckt.

Please quote separately for:

6. ☐ Packing for delivery by rail / truck
7. ☐ Freight free destination
8. Please note: When using Degussa-forms all statements
made therein have to be confirmed and items 4 to 7 must
be completed. Incomplete and offers arriving later than the
date mentioned above cannot be considered. Technical
variations from our requistion must be stated separately in
your offer.
9. Transport insurances will be effected and covered by
Degussa.

Anlagen / Encls.
Technische Vorschriften / Technical Regulations

Degussa AG

Frankfurt am Main   Telefon: (069) 218-01
Weissfrauenstrasse 9   Telegramme: Degussa Frankfurtmain
                           Telex: 41222-329 dg d

01 – 4 – 1057 de R   1184

1. Bestellung. Soweit nichts anderes schriftlich vereinbart ist, gelten für diese und alle zukünftigen Bestellungen ausschließlich diese Bedingungen. Entgegenstehende Verkaufs- und Lieferbedingungen unserer Lieferanten binden uns auch dann nicht, wenn wir diesen Bedingungen nicht ausdrücklich widersprechen oder die Lieferung vorbehaltlos entgegennehmen.

Bestellungen und alle damit zusammenhängenden Vereinbarungen bedürfen der Schriftform. Mündliche, fernmündliche, fernschriftliche und telegrafische Vereinbarungen werden erst nach unserer schriftlichen Bestätigung wirksam.

Die Bestellung wird verbindlich, wenn der Lieferant sie binnen zwei Wochen schriftlich bestätigt oder innerhalb dieser Frist liefert. Ein verspäteter Eingang der Bestätigung berechtigt uns zum Widerruf der Bestellung.

Wird über das Vermögen des Lieferanten das Konkurs- oder Vergleichsverfahren eröffnet und hat er uns noch nicht oder nicht vollständig beliefert, so sind wir berechtigt, vom Vertrag zurückzutreten oder – bei Dauerschuldverhältnissen – das Vertragsverhältnis ohne Einhaltung einer Frist zu kündigen, sofern uns die Vertragsabwicklung mit dem Konkurs- oder Vergleichsverwalter unzumutbar ist.

2. Lieferzeit. Die Lieferfrist beginnt mit dem Bestelltag. Wenn wir aus Gründen, die wir nicht zu vertreten haben, zur Abnahme der zu liefernden Waren bzw. der zu erbringenden Dienstleistung außerstande sind, entfällt unsere Abnahmepflicht. Wir sind in diesen Fällen befugt, einen neuen Liefertermin bzw. Leistungstermin unter Zugrundelegung einer angemessenen Frist festzusetzen.

3. Versand. Der Versand hat stets nach unseren Vorschriften unter Angabe unserer Bestellkennzeichen auf den Versandpapieren zu erfolgen. Die Versandanzeige ist jeweils noch am Versandtage an uns abzusenden und muß Brutto- und Nettogewichte enthalten. Alle Sendungen, die ohne ordnungsgemäße Anzeige eintreffen, lagern so lange auf Kosten und Gefahr des Lieferanten, bis eine ordnungsgemäße Anzeige eintrifft.

4. Transportversicherung. Transportversicherung darf nicht berechnet werden, da diese von uns abgeschlossen und gedeckt wird.

Bei Unfrei-Lieferungen ist der Spediteur des Verkäufers darauf hinzuweisen, daß die Degussa und die Degussa-Konzernunternehmen SVS/RVS-Verbotskunden sind.

5. Mängelrüge/Gewährleistung. Unsere Verpflichtung zur Untersuchung und zur Mängelrüge beginnt in allen Fällen erst dann, wenn die Ware an dem von uns vorgeschriebenen Bestimmungsort eingegangen ist und die Versandpapiere vorliegen.

Bei Lieferungen mit Aufstellung beginnen unsere Verpflichtungen erst mit dem Zeitpunkt der Abnahme der Werkleistung.

Mängelrügen müssen in einem Monats seit Lieferung oder Leistung erfolgen. Rügen wegen versteckter Mängel müssen innerhalb eines Monats nach deren Entdeckung erhoben werden.

Die Gewährleistungspflicht des Lieferanten richtet sich – vorbehaltlich der Mängelrüge – nach den gesetzlichen Vorschriften. Auf unser Verlangen ist der Lieferant auch verpflichtet, mangelhafte Ware kostenlos durch mangelfreie zu ersetzen. In dringenden Fällen sind wir berechtigt, ohne vorherige Fristsetzung die Mängel auf Kosten des Lieferanten beseitigen zu lassen oder uns, falls das nicht möglich ist, auf Kosten des Lieferanten von anderer Seite einzudecken.

Der Lieferant übernimmt für seine Lieferungen oder Leistungen von dem Zeitpunkt an, in dem unsere Rügepflicht beginnt, für die Dauer eines Jahres die Gewähr dafür, daß an dem gelieferten Gegenstand oder an der erbrachten Leistung keine Mängel auftreten und die von ihm zugesicherten Eigenschaften vorhanden sind. Die Gewährleistungsfrist verlängert sich um diejenigen Zeiträume, während derer der Liefergegenstand infolge von Mängeln nicht bestimmungsgemäß verwendet werden kann.

Die vorstehenden Bestimmungen gelten auch für die Gewährleistung auf Ersatzstücke und durchgeführte Nachbesserungsarbeiten.

Bei Umarbeitungsaufträgen, für welche Material von uns beigestellt wird, haftet der Lieferant insbesondere auch dann auf vollen Ersatz, wenn dieses in seinem Betrieb durch sein Verschulden gestohlen wird, verloren geht, abhanden kommt oder verschlechtert wird.

6. Rechnung und Zahlung. Rechnungen werden nur anerkannt, wenn sie uns in der geforderten Anzahl am von uns genannten Ort zugehen und unser Bestellident tragen. Soweit nichts anderes vereinbart ist, werden sie nach 45 Tagen netto oder innerhalb von 14 Tagen unter Abzug von 2% Skonto bezahlt. Maßgebend für die Zahlungsfrist und von ihr abhängige Abzüge ist der Tag des Eingangs der Ware bzw. der Abnahme der Werkleistung oder – bei Teillieferungen – der Tag des Eingangs der Rechnung. Rechnungen über Teillieferungen oder -leistungen werden nur anerkannt, wenn die Teillieferung oder -leistung vorher vereinbart wurde.

Bei Zahlung nach Einheitspreisen und Gewicht ist das auf unserer Waage festgestellte Gewicht maßgebend. Ist am Lieferort keine Waage vorhanden, so ist durch den Lieferanten ein amtlicher Wiegeschein beizubringen. Werkzeuge und Rüstzeuge dürfen in diesem Fall nicht mit den Lieferungsgegenständen zusammen verladen sein.

7. Zeichnungen. Wenn nichts anderes schriftlich vereinbart ist, dürfen unsere Angaben für die Anfertigung von uns bestellter Gegenstände, insbesondere eigene und nach unseren Angaben angefertigte Zeichnungen, weder verwertet noch vervielfältigt noch dritten Personen zugänglich gemacht werden. Alle Zeichnungen und sonstigen Unterlagen sind sofort nach Erledigung des Auftrages an uns zurückzusenden.

8. Modelle. Für unseren Auftrag anzufertigende Modelle, Lithographien, Klischees oder Druckplatten sind uns zu übereignen; sie sind sorgfältig bis zu unserem Abruf zu lagern und als Fremdeigentum zu versichern. Eine Benutzung für oder durch andere ist nur mit unserer vorherigen schriftlichen Zustimmung gestattet.

9. Beigestelltes Material. Beigestelltes Material bleibt unser Eigentum. Wird es be- oder verarbeitet, so erstreckt sich unser Eigentum auch auf die neue Sache. Bei einer Verarbeitung, Verbindung oder Vermischung mit fremden Sachen erwerben wir Miteigentum an dem Bruchteil, der dem Verhältnis des Wertes des beigestellten Materials zu den von uns Lieferanten benutzten anderen Sachen im Zeitpunkt der Verarbeitung, Verbindung oder Vermischung entspricht.

10. Leistungsort. Leistungsort für die Lieferung ist das vereinbarte Empfangswerk.

11. Gerichtsstand. Gerichtsstand für alle dem Vertragsverhältnis mittelbar oder unmittelbar ergebenden Streitigkeiten sowie für Streitigkeiten über das Bestehen des Vertrages ist nach unserer Wahl Frankfurt am Main oder der allgemeine Gerichtsstand des Lieferanten. Dies gilt nicht, wenn gesetzlich ein anderer ausschließlicher Gerichtsstand begründet ist.

12. Anwendbares Recht. Die Vertragsbeziehungen sind nach dem Recht der Bundesrepublik Deutschland mit Ausnahme des deutschen internationalen Privatrechts zu beurteilen. Das Einheitliche Gesetz über den Abschluß von internationalen Kaufverträgen über bewegliche Sachen (BGBl. 1973 I S. 868) sowie das Einheitliche Gesetz über den internationalen Kauf beweglicher Sachen (BGBl. 1973 I S. 856) finden keine Anwendung.

13. Rechtunwirksamkeit. Sollten einzelne Bestimmungen dieser Geschäftsbedingungen ganz oder teilweise rechtsunwirksam sein, so bleibt die Wirksamkeit der übrigen Bestimmungen hiervon unberührt.

Kennziffer	Anschriften	Briefpost	Telefon	Abholung/Anlieferung	Stückgut	Waggons
01	Degussa AG (Hauptverwaltung)	Postfach 110533 6000 Frankfurt 11	(069) 218-01	Weissfrauenstrasse 9 6000 Frankfurt	Frankfurt am Main-Hbf Selbstabholer 1561	Frankfurt am Main-Westhafen Anschlußgleis Gutleutstraße
03	Degussa AG Werk Bodenfelde	Postfach 20 3417 Bodenfelde	(05572) 401-0	Uslarer Straße 30 3417 Bodenfelde	Bodenfelde 1927	Bodenfelde Anschlußgleis
04	Degussa AG Werk Brilon Wald	Korbacher Straße 12 5790 Brilon 5	(02961) 2057-59 3539	Korbacher Straße 12 5790 Brilon Wald	Bestwig 2193	Brilon Wald Anschlußgleis
05	Degussa AG Werk Bruchhausen	Postfach 14 09/1410 5760 Arnsberg 1	(02932) 4466	Bruchhausener Str. 2 5760 Arnsberg-Bruchh.	Bruchhausen (Ruhr) 3492	Bruchhausen (Ruhr) Anschlußgleis
08	Degussa AG Werk Kalscheuren	Postfach 3140 5030 Hürth	(02233) 605-1	Kalscheurener Str. 11 5030 Hürth-Kalscheuren	Kalscheuren Expr.: 5030 Kalscheuren	Kalscheuren Anschlußgleis
09	Degussa AG Werk Knapsack	Postfach 8904 5030 Hürth	(02233) 492-1	Fuchskaulenstraße 167 5030 Hürth-Knapsack	5000 Köln-Bonntor 1754 Selbstabholer Expr.: 5030 Ka'scheuren	Hürth Anschlußgleis bahnlagernd
10	Degussa AG Werk Konstanz	Postfach 6494 7750 Konstanz 1	(07531) 54051	Reichenaustraße 13-19 7750 Konstanz	Konstanz 1188 Selbstabholer	Konstanz-Petershausen Anschlußgleis
13	Degussa AG Werk Mombach	Postfach 250142 6500 Mainz 25	(06131) 68 2051-53	Hauptstraße 30 6500 Mainz-Mombach	Mainz-Hbf 1486 Selbstabholer	Mainz-Mombach Anschlußgleis
15	Degussa AG Werk Rheinfelden	Postfach 1260 7888 Rheinfelden	(07623) 91-0	Untere Kanalstraße 3 7888 Rheinfelden (Baden)	Rheinfelden (Baden) 1105 Selbstabholer	Rheinfelden (Baden) Anschlußgleis
19	Degussa AG Werk Wesseling	Postfach 1164 5047 Wesseling 1	(02236) 76-1	Kölner Straße 122 5047 Wesseling	Wesseling 3321 Selbstabholer	Wesseling-Godorf-Rheinhafen Anschlußgleis
20	Degussa AG Werk Frankfurt	Postfach 110533 6000 Frankfurt 11	(069) 218-01	Gutleutstraße 215 6000 Frankfurt	Frankfurt am Main-Hbf Selbstabholer 1561	Frankfurt am Main-Westhafen Anschlußgleis Gutleutstraße
32	Degussa Hanau	Postfach 1351 6450 Hanau 1	(06181) 369-0	Leipziger Straße 10 6450 Hanau	Hanau-Hbf 1575 Selbstabholer	Hanau-Hbf 1575
33	Degussa Pforzheim	Postfach 420 7530 Pforzheim	(07231) 182-0	Zerrennerstraße 23-25 7530 Pforzheim	Pforzheim-Hbf 1301	Pforzheim-Hbf 1301
34	Degussa Wolfgang	Postfach 1345 6450 Hanau 1	(06181) 59-0	Rodenbacher Chaussee 4 Hanau Stadtteil Wolfgang	Hanau-Hbf 1575 Selbstabholer	Hanau-Hbf 1575
74	Asta-Werke AG Chemische Fabrik	Postfach 140129 4800 Bielefeld 14	(0521) 1452-0	Artur-Ladebeck-Str. 128-152 4800 Bielefeld	Brackwede 2309 Selbstabholer	Brackwede Anschlußgleis
75	Degussa Antwerpen N. V.	Frans Tijsmanstunnel B-2040 Antwerpen	(0323) 5584-21	Frans Tijsmanstunnel B-2040 Antwerpen	Antwerpen D. S.	Antwerpen D. S. Aansluiting Degussa Antwerpen N. V.
77	Degussa AG Werk Marquart	Postfach 510649 5300 Bonn-Beuel	(0228) 4002-0	Siegburger Straße 7 5300 Bonn-Beuel	Bonn-Beuel 1832	Bonn-Beuel Anschlußgleis
79	Degesch	Postfach 610207 6000 Frankfurt 61	(069) 410021	Weismüllerstraße 32-40 6000 Frankfurt		
80	Chemiewerk Homburg	Postfach 100503 6000 Frankfurt 1	(069) 4001-01	Daimlerstraße 40 6000 Frankfurt	Frankfurt am Main-Ost 1568	Frankfurt am Main Osthafen Anschlußgleis Daimlerstraße
86	KG Deutsche Gasrußwerke GmbH & Co.	Postfach 662 4600 Dortmund	(0231) 8527-1	Weidenstraße 70-72 4600 Dortmund	Dortmund-Hbf 2129 Selbstabholer	Dortmund Hardenberghafen Anschlußgleis
90	Degussa AG Schwäbisch Gmünd	Postfach 1240 7070 Schwäbisch Gmünd	(07171) 607-01	Klarenbergstraße 53-79 7070 Schwäbisch Gmünd	Schwäbisch Gmünd 1214 bahnlagernd	Schwäbisch Gmünd
94	Demetron GmbH	Postfach 1324 6450 Hanau 1	(06181) 302-1	Leipziger Straße 10 6450 Hanau	Hanau-Hbf 1575 Selbstabholer	Hanau-Hbf 1575

Degussa Aktiengesellschaft · Sitz: Frankfurt am Main · Registergericht: Amtsgericht Frankfurt am Main · Eintragungs-Nr. 72 HRB 8239
Vorsitzender des Aufsichtsrats: Dr. Konrad Henkel · Vorstand: Gert Becker (Vorsitzender), Dr. Robert Ehrt, Dr. Karl Feldmann, Herbert Hartmann, Prof. Dr. Bernhard Liebmann, Prof. Dr. Heribert Offermanns, Dr. Erich Sattler-Dornbacher, Günter Wohlenberg; stellv.: Dr.-Ing. Henning Bode

0 - 4 - 1020 a   0286

Beschaffung Technisch

Frankfurt am Main	Weissfrauenstrasse 9
Telefon:	(069) 218-01
Telex:	41222-329 dg d
Telefax:	(069) 218-32 18
Teletex:	699791 = DGHV
Telegramme:	Degussa Frankfurtmain

Bestellident (Bitte stets angeben)

Bestellung

Ihr Angebot (Nummer, Datum, Zeichen)	Unsere Abt.	Sachbearbeiter	Telef.-Durchwahl	Datum
	BTE-		218-	

Lieferanten-Nr.	Leistung	—	Kostenstelle	Thema	Kommissions-Nr.	Anfordererdaten
		GB	Kostenträger			

Preisstellung:

Liefertermin:

Zahlung:

Versandanschrift siehe Rückseite Ziffer

bestimmt für

Wir bestellen auf der Grundlage

- unserer umseitigen Einkaufsbedingungen,
- unserer Technischen Vorschriften (Rückseite letztes Fortsetzungsblatt) und
- Ihres oben angeführten Angebotes unter Einbeziehung der nachstehenden Änderungen und Ergänzungen sowie der beigefügten / unten aufgeführten Technischen Spezifikation

216

Verfalltag

Zahlungsort

Nr. d. Zahl-Ortes

Vermerke in diesen Spalten sind nur für Kreditinstitute bestimmt. Sie gehören nicht zum Wechseltext

, den _____ 19 ___

Ort und Tag der Ausstellung (Monat in Buchstaben)

Gegen diesen **Wechsel** - erste Ausfertigung - zahlen Sie am _____ 19

Monat in Buchstaben

an _____

DM _____

Betrag in Ziffern

Deutsche Mark

Pfennige wie oben

Betrag in Buchstaben

Bezogener _____

Straße und Ort (genaue Anschrift)

in _____

Zahlbar in _____

Zahlungsort

bei _____   z. L. Konto-Nr.

Name des Kreditinstituts

Genaue Anschrift des Ausstellers;

Unmittelbar unterhalb der Anschrift Unterschrift des Ausstellers.

Angenommen

5450007
HD0986

217

Angenommen

Friedrich Kleidsam

Kleiderfabrik Wiemass
Kommandit-Gesellschaft
Bielefeld

Jfr. Schneider

für uns an die Order von

Kamm & Schur

Woll-Importeure

Aachen, den 4. 3. 1985

Tuchfabrik Purwoll G.m.b.H.

Aachen

Order: **COMMERZBANK**
AKTIENGESELLSCHAFT

KAMM & SCHUR
WOLL-IMPORTEURE
BREMEN

M U S T E R

Gegen diesen **Wechsel** – erste Ausfertigung – zahlen Sie am

4800 Bielefeld .... den .... 14. Febr. 19 85
Ort und Tag der Ausstellung (Monat in Buchstaben)

an ...... e i g e n e   O r d e r

Deutsche Mark ...... Tausendzweihundertfünf

Bezogener Friedrich Kleidsam

in 5270 Gummersbach, Eisenzahnstr. 3
Ort und Straße (genaue Anschrift)

Zahlbar in ...... Gummersbach

bei ...... COMMERZBANK AG
Name des Kreditinstituts

Betrag in Buchstaben

Kleiderfabrik Wiemass
Kommandit-Gesellschaft
4800 Bielefeld
Wilhelm-Tell-Straße 6

Jfr. Schneider
Unterschrift und genaue Anschrift des Ausstellers

Nr. d. Zahl.-Ortes

Gummersbach
Zahlungsort

14. Mai
Monat in Buchstaben

14. 5. 85
Verfalltag

DM 1.205,85
Betrag in Ziffern

Pfennig wie oben

19 85

Stempelmarken auf der Rückseite unmittelbar unter diesem Rande aufkleben

218